Patrick Theussl

Bewertung von Wohnimmobilien

AF821249

Patrick Theussl

Bewertung von Wohnimmobilien

Berücksichtigung von Unsicherheiten der Inputparameter mittels Monte-Carlo-Simulation

Lehrbuchverlag

Imprint

Any brand names and product names mentioned in this book are subject to trademark, brand or patent protection and are trademarks or registered trademarks of their respective holders. The use of brand names, product names, common names, trade names, product descriptions etc. even without a particular marking in this work is in no way to be construed to mean that such names may be regarded as unrestricted in respect of trademark and brand protection legislation and could thus be used by anyone.

Cover image: www.ingimage.com

Publisher:
Der Lehrbuchverlag
is a trademark of
International Book Market Service Ltd., member of OmniScriptum Publishing Group
17 Meldrum Street, Beau Bassin 71504, Mauritius

Printed at: see last page
ISBN: 978-620-2-49010-8

Copyright © Patrick Theussl
Copyright © 2019 International Book Market Service Ltd., member of OmniScriptum Publishing Group

Kurzfassung

Diese Arbeit setzt sich mit dem Thema Immobilienbewertung und dem Umgang mit Unsicherheiten auseinander. Zur Bewertung stehen je nach Sachverhalt verschiedene Verfahren zur Auswahl. Diese sind im Liegenschaftsbewertungsgesetz (LBG) geregelt und in der ÖNORM B 1802:1997 normiert.

Bei den Verfahren handelt es sich um das Vergleichswert-, Sachwert-, Ertragswertverfahren, Discounted-Cash-Flow Verfahren und das Residualwertverfahren. Die einzelnen Verfahren werden hinsichtlich ihrer Anwendung und ihres Ablaufs betrachtet.

Weiters wird kurz auf das Thema Due Diligence (DD) und den Unterschied zur Immobilienbewertung eingegangen. Bei einer DD handelt es sich um eine genaue Prüfung eines Objektes, um die Chancen und Risiken, die durch den Betrieb, Kauf oder Verkauf entstehen, aufzudecken. Die Due Diligence Real Estate lässt sich dabei im Groben in die wirtschaftliche, rechtliche, technische und steuerliche Due Diligence unterteilen. Die Immobilienbewertung unterscheidet sich dadurch, dass ihr Hauptziel die Bestimmung des Verkehrswertes ist und nicht das Aufdecken von Chancen und Risiken.

Zur Berücksichtigung von Unsicherheiten kann die Monte-Carlo-Simulation verwendet werden. Dabei fließen die Unsicherheiten der Eingangsparameter als Verteilungen in die Berechnung ein. Aus dem Ergebnis lässt sich dann ein Chancen- und Risikoverhältnis bestimmen.

Für das Berechnungsbeispiel werden mehrere Wertermittlungsverfahren mit deterministischen und probabilistischen Ansätzen angewendet. Bei den probabilistischen Verfahren werden mittels Monte-Carlo-Simulation die unsicheren Eingangswerte berücksichtigt. Am Ende werden die Histogramme der Ergebnisse in einem Diagramm dargestellt, um die unterschiedlichen Chancen-Risikoverhältnisse der Verfahren zu verdeutlichen.

Abstract

The aim of this work is the topic real estate valuation and how to deal with uncertainties. For the valuation there are depending on the circumstances different methods which can be used. They are organized in the Liegenschaftsbewertungsgesetz (LBG) and ÖNORM B1802:1997.

The valuation methods which are used are the Direct Value Comparison Method, the Replacement Cost Method, the Direct Capitalization Method, the Discounted Cash Flow Method and the Residual Method. It will be shown when these methods are used and how their workflow is.

Furthermore, it will be discussed what is the different between Due Diligence and real estate valuation. The goal of Due Diligence is to identify the chances and risks from an object. The Due Diligence consists mainly out of the technical, financial, legal and economic parts. The difference between the Due Diligence and the real estate valuation is, that the goal of the real estate valuation is to identify the market value of an object. The Due Diligence wants to identify the chances and risks of an object.

To consider uncertainties the Monte Carlo Simulation can be used. Therefore the starting parameters are not deterministic values. Instead, they are functions of their uncertainty. The output of the calculation is a distribution where the chances and risks can be seen.

For the calculation example are used different methods. To be aware of the uncertainties the Monte Carlo Simulation is used. At the end the distribution of the different methods are shown together to see the different chances and risks of each method compared to each other.

Inhaltsverzeichnis

Abbildungsverzeichnis

Tabellenverzeichnis

Anmerkungen

Abkürzungsverzeichnis

a .... Jahre
DCF-Verfahren .... Discounted-Cash-Flow-Verfahren
DD .... Due Diligence
DG .... Dachgeschoss
E-Herd .... Elektroherd
EG .... Erdgeschoss
Ertragswert v. s. w. Umständen . Ertragswert vor sonstigen wertbeeinflussenden Umständen
GIS-Steiermark .... Geographisches Informationssystem Steiermark
GND .... Gesamtnutzungsdauer
i.V.m. .... in Verbindung mit
LBG .... Liegenschaftsbewertungsgesetz
NBW .... Neubauwert
MC-Simulation .... Monte-Carlo-Simulation
Mo .... Monat
MRG .... Mietrechtsgesetz
OG .... Obergeschoss
TGA .... technische Gebäudeausrüstung
TG-Stellplatz .... Tiefgaragenstellplatz
TG-Fläche .... Tiefgeschossfläche
UG .... Untergeschoss
Ust .... Umsatzsteuer

1 Einleitung

Diese Arbeit beschäftigt sich mit dem Thema Immobilienbewertung und dem Umgang mit Unsicherheiten dabei. Zur Bewertung stehen je nach Sachverhalt verschiedene Verfahren zur Auswahl. Es handelt sich dabei eben um eine Bewertung und um keine Berechnung in dem Sinne. Die Eingangsparameter können nicht exakt bestimmt werden und unterliegen Schwankungen bzw. der Einschätzung des ermittelnden Sachverständigen. Dieser bestimmt die Eingangsgrößen zwar nach besten Wissen und Gewissen, jedoch gibt es keine Garantie, dass diese Werte richtig sind. Um mit den vorhandenen Unsicherheiten besser umgehen zu können, gibt es die Möglichkeit der Monte-Carlo-Simulation. Die unsicheren Eingangsparameter fließen als Verteilung in die Berechnung ein. Das Ergebnis der Monte-Carlo-Simulation ist ein Histogramm, in dem die Wahrscheinlichkeit eines bestimmten Ergebnisses abgelesen werden kann. Die Risiken sind deswegen zwar nicht kleiner geworden oder sogar verschwunden, jedoch werden sie bewusst wahrgenommen und in der Berechnung explizit berücksichtigt. Somit stehen die Chancen-Risikoverhältnisse auch dem Betrachter bzw. auch Entscheidungsträger zur Verfügung. Ohne spezifische Fachkenntnisse sollten die Ergebnisse jedoch nicht unreflektiert akzeptiert werden.

1.1 Situationsanalyse

Das Hauptziel von Immobilien war früher einen Ort zum Arbeiten und Wohnen zu bieten. Die Immobilie wurde gekauft und entsprechend den Bedürfnissen genutzt, bis zum Ende ihrer Nutzungsdauer. Heutzutage sind Immobilien ein immer attraktiver werdendes Investmentobjekt. Die Objekte werden nicht nur mehr gekauft und genutzt, sondern als Anlage gesehen, die Rendite bringt.

Im Jahr 2017 wechselten alleine in Österreich 121.171 Immobilien den Besitzer. Das Transaktionsvolumen entspricht einem Wert von 28,1 Mrd. €.[1]

Alleine durch die Anzahl an Transaktionen ergibt sich schon ein riesiger Markt für die Immobilienbewertung zur Feststellung des Verkehrswertes. Nicht nur bei Transaktionen werden Immobilien bewertet, sondern immer dann, wenn Informationen über den Wert der Immobilie notwendig sind.

Mögliche Anwendungsfelder der Immobilienbewertung sind:

- Transaktionen
- Finanzierungen
- Gerichtliche Auseinandersetzungen
- Internes Controlling / externes Rechnungswesen
- Steuerliche Bemessungsgrundlage
- Abschluss einer Versicherung
- Berechnung von Belastungen[2]

Unabhängig vom Zweck der Bewertung, ist das Ziel immer den Verkehrswert einer Immobilie zu ermitteln. Hierfür gibt es verschiedene Verfahren. Im Liegenschaftsbewertungsgesetz (LBG) werden drei dafür zur Bewertung angeführt. Dabei handelt es sich um das Vergleichs-, Sach- und Ertragswertverfahren. Jedoch sind auch andere dem Stand der Wissenschaft entsprechende Verfahren zulässig.

---

[1] Vgl. https://www.remax.at/immobilien/marktberichte/REMAX-ImmoSpiegel-2017-Immobilienmarkt-weiter-stabil-auf-Rekord-Niveau--12719.html. Datum des Zugriffs: 11.November.2018

[2] Vgl. SVEN, B.: Bewertungsanlässe - Überblick. In: Immobilienbewertung Österreich. S. 38ff.

In der ÖNORM B 1802-2:2008 und ÖNORM B 1802-3:2014 werden dazu noch das Discounted-Cash-Flow-Verfahren und das Residualwertverfahren geregelt. Es gibt aber noch weitere internationale Bewertungsverfahren[3], die auch zum Einsatz kommen können.

Bei der Bewertung handelt es sich jedoch um keine exakte Berechnung des Verkehrswertes, sondern eben um eine Bewertung. Zur Ermittlung des Verkehrswertes müssen Annahmen getroffen werden, die dann zum Verkehrswert führen. Auch bei sorgfältiger Vorgehensweise wird dieser Wert mit großer Wahrscheinlichkeit falsch sein.

Bei den verwendeten Methoden fließen die vorhandenen Unsicherheiten nicht mit in die Berechnung ein. Das Ergebnis ist eine Zahl, jedoch kann keine Aussage über deren Über- bzw. Unterschreitungswahrscheinlichkeit getroffen werden.

Eine Möglichkeit diese Unsicherheiten in der Berechnung zu berücksichtigen, ist die Anwendung der Monte-Carlo-Simulation. Dadurch, dass die unsicheren Eingangsparameter als Verteilung in die Berechnung einfließen, kann aus dem Ergebnis ein Chancen- und Risikoverhältnis bestimmt werden, mit dem ein bestimmter Wert über- bzw. unterschritten wird.

---

[3] Auf andere internationale Bewertungsverfahren wird im Zuge dieser Arbeit nicht eingegangen. Wenn das Verfahren dem Stand der Technik entspricht, ist es laut LBG ein zulässiges Verfahren zur Wertermittlung.

1.2 Zielsetzung

Die Ziele in der vorliegenden Arbeit sind in Muss-, Soll-, Kann- und Nicht-Ziele unterteilt. Die Muss-Ziele sind im Laufe dieser Arbeit auf jeden Fall zu beantworten. Die Soll-Ziele sollten am Ende der Arbeit erreicht werden, die Kann-Ziele können erläutert werden und die Nicht-Ziele definieren, was mit der Arbeit nicht erreicht werden möchte.

1.2.1 Muss-Ziele

Das Ziel dieser Arbeit besteht darin, die in Österreich gebräuchlichen Verfahren zur Immobilienbewertung zu erklären und Verständnis für den Ablauf zu schaffen. Dabei werden das Vergleichswert-, Sachwert-, Ertragswertverfahren, Discounted-Cash-Flow-Verfahren und Residualwertverfahren betrachtet.

Weiters soll der Begriff Due Diligence erklärt und eingeordnet werden. Hierzu werden die Anwendungsgebiete erörtert und ein Vergleich zur Liegenschaftsbewertung gezogen.

Die für die Berechnung verwendete Monte-Carlo-Simulation und die dafür notwendigen statistischen Grundlagen werden dargestellt.

Als Hauptziel der Arbeit gilt die Ermittlung des Verkehrswertes einer Immobilie mittels Monte-Carlo-Simulation, um die Unsicherheiten der Eingangsparameter im Ergebnis abbilden zu können. Der Verkehrswert wird weiters mit mehreren Verfahren bestimmt, um die Unterschiede der Verfahren zueinander zu zeigen.

1.2.2 Soll-Ziele

Am Ende der Arbeit soll der Unterschied zwischen einer Immobilienbewertung und der Due Diligence verdeutlicht werden.

Ebenso soll ein Bewusstsein für die Einflüsse der Eingangsparameter in die Berechnung geschaffen werden. Durch die Sensitivitätsanalysen wird gezeigt, welche Auswirkungen bereits geringfügige Änderungen in den einzelnen Parametern auf das Ergebnis haben.

1.2.3Kann-Ziele

Diese Arbeit kann als Basis für weitere Arbeiten über die Berücksichtigung von Unsicherheiten in der Immobilienbewertung dienen. Die Parameter, welche als unsicher gelten, sind in den Ablaufdiagrammen der Berechnungsverfahren ersichtlich. Die Monte-Carlo-Simulation ist dabei nur eine Möglichkeit diese zu berücksichtigen eine weitere wäre z.B. die Szenario-Analyse, im speziellen die Best-Worst-Case-Analyse. Weiters können die Ergebnisse der Arbeit als Basis für die Preisfindung bei einer Veräußerung dienen.

1.2.4Nicht-Ziele

Kein Ziel dieser Arbeit ist es, die derzeitigen Wertermittlungsverfahren in Frage zu stellen. Die Monte-Carlo-Simulation ist nur eine Erweiterung dieser zur Berücksichtigung von Unsicherheiten. Es werden keine generellen Berechnungsvorlagen zur Verkehrswertermittlung erstellt und auch keine Untersuchungen zu Eingangsparametern durchgeführt.

1.3 Methodik

Im ersten Teil dieser Arbeit werden die Verfahren, welche in Österreich zur Immobilienbewertung vorwiegend zum Einsatz kommen hinsichtlich ihres Ablaufs erläutert.

Im Weiteren wird der Begriff Due Diligence und worin der Unterschied zur Immobilienbewertung besteht, betrachtet. Als ein mögliches Verfahren zum Umgang mit Unsicherheiten wird hier die Monte-Carlo-Simulation erörtert.

Im zweiten Teil der Arbeit wird anhand eines Praxisbeispiels eine Verkehrswertermittlung durchgeführt. Im ersten Schritt – mittels eines herkömmlichen deterministischen Ansatzes und im zweiten Schritt – mittels eines probabilistischen. Abschließend erfolgt ein Vergleich der Ergebnisse.

1.4 Gliederung

In den nachfolgenden Abbildungen (Abbildung 1-1 bis Abbildung 1-2) sind die Inhalte der Arbeit übersichtlich je Kapitel dargestellt. Am rechten Rand der Abbildung sind die Themen, die behandelt werden, zusammengefasst.

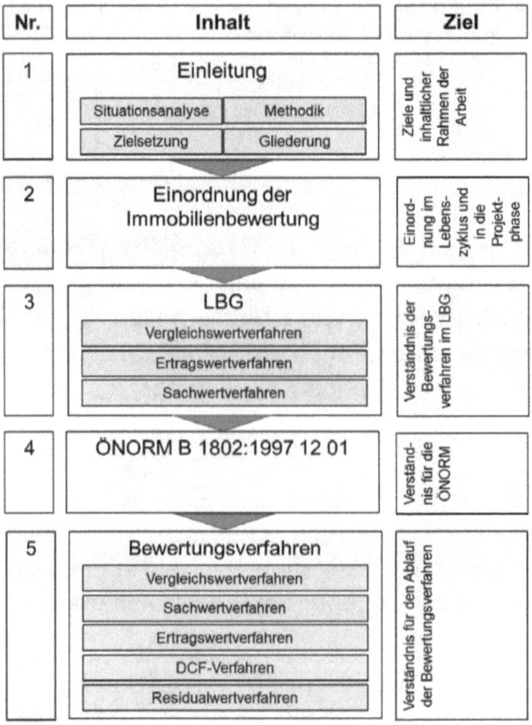

Abbildung 1-1: Gliederung der Arbeit – Teil 1

Nach der Einleitung im ersten Kapitel folgt im zweiten Kapitel die Einordnung der Immobilienbewertung in das Sechseck der Betriebsziele und in die Projektphasen (siehe Abbildung 1-1). Der Fokus auf die Projektziele ist durch die ganzheitliche Betrachtung auf die Betriebsziele erweitert worden. Die Immobilienbewertung ist dort bei den Zeitzielen am Ende des Betriebsintervalls zu finden, wenn ein neuer Betreiber das Objekt übernimmt. Bei den Projektphasen lässt sich die Bewertung in der PPH 5 wiederfinden.

Im dritten Kapitel wird auf das Liegenschaftsbewertungsgesetz (LBG) eingegangen. Hier sind die zu verwendeten Verfahren geregelt. Je nach Anwendungsfall sind das Vergleichswert-, Sachwert- oder Ertragswertverfahren anzuwenden. Jedoch ist es auch möglich, ein anderes Verfahren, dass dem Stand der Wissenschaft entspricht zu wählen.

Welche Begriffe und Verfahren in der ÖNORM B 1802:1997 geregelt sind, ist Teil des vierten Kapitels. Dort werden die wesentlichen Inhalte der Norm und die Erweiterungen in Teil zwei und drei geschildert. In den Teilen zwei und drei sind das Discounted-Cash-Flow-Verfahren und das Residualwertverfahren geregelt.

Die Erklärungen der einzelnen Wertermittlungsverfahren stehen im Zentrum des fünften Kapitels. Bei den erklärten Verfahren handelt es sich um das Vergleichswert-, Sachwert-, Ertragswertverfahren sowie um die in der ÖNORM B 1802-2:2008 und ÖNORM B 1802-3:2014 geregelten Discounted-Cash-Flow-Verfahren und Residualwertverfahren. Dabei werden die Anwendungsgebiete und der Ablauf der einzelnen Verfahren erörtert.

Das sechste Kapitel beschäftigt sich mit dem Thema Due Diligence und dem Unterschied zur Immobilienbewertung (siehe Abbildung 1-2). Bei der Due Diligence handelt es sich um eine ganzheitliche Prüfung eines Objektes, welche dazu dient, die damit verbundenen Chancen und Risiken zu erkennen. Diese lässt sich dabei in die wirtschaftliche, technische, steuerliche, rechtliche, Markt, Standort und Umwelt Due Diligence unterteilen. Dabei ist es nicht notwendig alle durchzuführen. Der Auftraggeber (Käufer/Verkäufer) kann entscheiden, welche Aspekte dieser geprüft haben will. Der Ausführer der DD kann Empfehlungen für den Umfang der Prüfung geben. Im Vergleich dazu, bei der Immobilienbewertung ist das Hauptziel die Ermittlung des Verkehrswertes.

Im siebten Kapitel werden statistische Grundlagen, die für das Verständnis der Monte-Carlo-Simulation notwendig sind, erklärt. Unter diesem Verfahren wird ein numerisches Berechnungsverfahren mittels Zufallszahlen verstanden. Das dabei verwendete Programm ist

@Risk, welches eine Erweiterung von Excel darstellt. Eingangsparameter welche mit Unsicherheiten behaftet sind, werden durch Verteilungen beschrieben. Je nach Art der Eingangsparameter empfiehlt sich eine andere Verteilungsfunktion. Das Ergebnis der Simulation ist eine Verteilung, aus der das Chancen- und Risikoverhältnis eines Wertes ermittelt werden kann.

Im achten und letzten Kapitel der Arbeit wird der Verkehrswert einer Immobilie mittels mehreren Wertermittlungsverfahren deterministisch und probabilistisch bestimmt. Zur Berücksichtigung der Unsicherheiten kommt die Monte-Carlo-Simulation zum Einsatz. Abschließend sind die unterschiedlichen Ergebnisse der Wertermittlungsverfahren mit ihren Wahrscheinlichkeitsverteilungen zu sehen und ermöglichen den Vergleich zueinander. Auch die deterministischen und probabilistischen Ergebnisse werden gegenübergestellt, um einen Vergleich anstellen zu können.

Den Abschluss der Arbeit bilden das Resümee, der Ausblick und das Literaturverzeichnis.

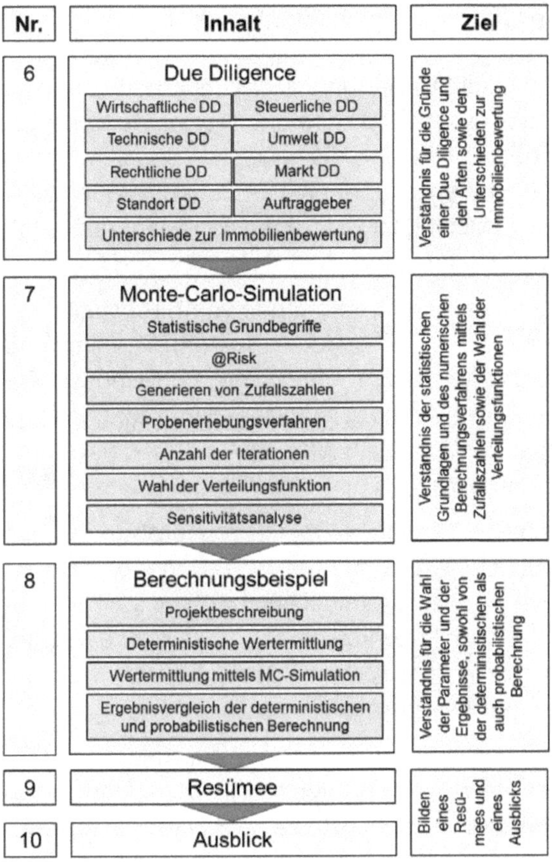

Abbildung 1-2: Gliederung der Arbeit – Teil 2

2 Einordnung der Immobilienbewertung

„Qualität, Zeit, Kosten, Quantität, Störungsanfälligkeit und Prozessqualität stellen die maßgebenden Entscheidungs- bzw. Gestaltungsvariablen dar, welche genauer analysiert werden müssen, um ein Bauobjekt ausreichend bewerten zu können. Die Bauobjektqualität ist dabei der bestimmende Erfolgsfaktor, der über den Marktpreis entscheidet, den das Objekt erzielen kann."[4]

Durch die zunehmend ganzheitliche Betrachtung von Bauobjekten ist die Erweiterung des magischen Dreiecks – Kosten, Termine und Qualität – als Projektziel, zu dem erweiterten Betriebsziel sinnvoll. Zur Erreichung der Betriebsziele sind Lebenszykluskosten, nachhaltige Qualitätsstandards und langfristige Zeitziele wichtig. Die Zielsysteme sind in Abbildung 2-1 zu erkennen.[5]

Jeder Eigentümer möchte mit seinem Objekt den größtmöglichen Nutzen erzielen. Dadurch ist die Zeit, die der Eigentümer das Objekt behält, insbesondere bei Gewerbe- und Geschäftsimmobilien, begrenzt. Beim Wunsch, das Objekt zu verkaufen, muss ein geeigneter Kaufpreis dafür gefunden werden, welcher dem aktuellen Marktniveau und den Vorstellungen des Verkäufers entspricht.

Somit kann die Immobilienbewertung als Teil der Zeitziele eines Objektes gesehen werden. Nach Ablauf einer Nutzungsperiode, wenn der Besitzer es zu verkaufen beabsichtigt, ist eine Bewertung notwendig.

In der Bewertung fließen die Ergebnisse der anderen Ziele ein. So haben die Quantitäten, die Nutzungskosten, die Betriebsqualität, die Störungsunanfälligkeit und die Betriebsprozessqualität Einfluss auf den schlussendlich ermittelten Verkehrswert.

---

[4] HOFSTADLER, C.; KUMMER, M.: Chancen- und Risikomanagement in der Bauwirtschaft. S. 316

[5] Vgl. HOFSTADLER, C.; KUMMER, M.: Chancen- und Risikomanagement in der Bauwirtschaft. S. 316

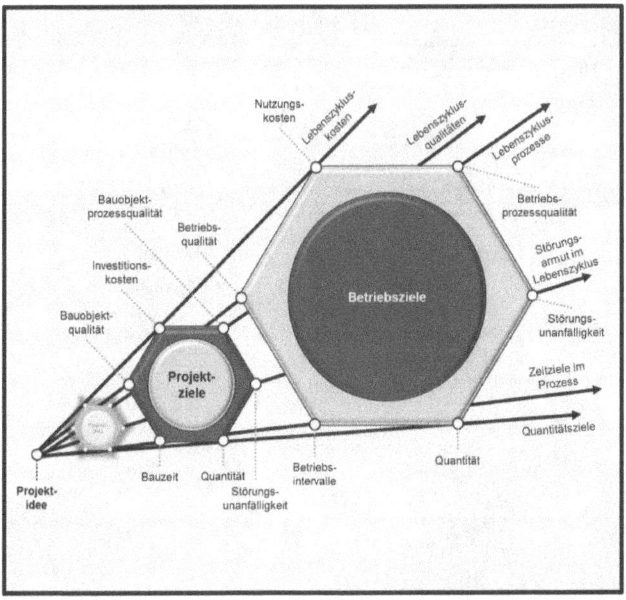

Abbildung 2-1: Zielsysteme für den Lebenszyklus von Bauobjekten[6]

In Abbildung 2-2 sind die Projektphasen eines Bauwerkes dargestellt. Die Immobilienbewertung lässt sich dabei meist in die Projektphase PPH 5 einordnen, wenn das Projekt bereits in Betrieb ist. In dem Fall, wenn die Immobilie saniert wird oder erst in Planung ist, lässt sich die Immobilienbewertung der Projektphase PPH 1 bzw. PPH 2 zuordnen. Ist die Immobilie noch nicht gebaut, sondern befindet sich noch in Planung, wird auf Grundlage der Planung ein Wert für das Objekt ermittelt. Bei einer anstehenden Sanierung wird bereits der zukünftige Wert nach der Sanierung ermittelt.

Durchgeführt wird diese meistens, wenn ein Eigentümer seine Immobilie verkaufen und erfahren will, welcher Preis, für das zur Veräußerung stehende Objekt zurzeit marktüblich erzielbar ist.

Für Anleger oder Besitzer von mehreren Immobilien ist es weiter interessant, laufend über den Wert des Portfolios in Kenntnis zu sein.

---

[6] HOFSTADLER, C.; KUMMER, M.: Chancen- und Risikomanagement in der Bauwirtschaft. S. 317

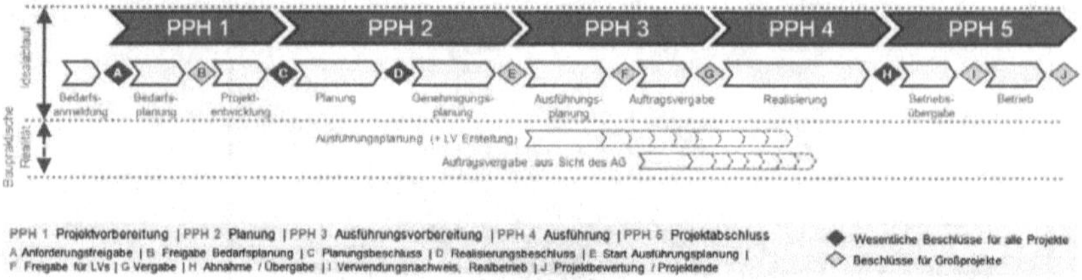

Abbildung 2-2: Einordnung der Immobilienbewertung in die Projektverlauf[7]

[7] HOFSTADLER, C.; KUMMER, M.: Chancen- und Risikomanagement in der Bauwirtschaft. S. 158

3 Liegenschaftsbewertungsgesetz

Das Liegenschaftsbewertungsgesetz (LBG) ersetzt die alte Realschätzordnung aus dem Jahr 1897 und dient dem Sachverständiger und dem Gericht als rechtliche Grundlage zur Bewertung von Liegenschaften. Im Gesetz sind nicht alle Details definiert, um eine gewisse Freiheit und Anpassung an die gegebene Situation zuzulassen. Die zwingende Anwendung des LBG besteht nur bei gerichtlichen Verfahren und bei Verwaltungsverfahren mit sukzessiver gerichtlicher Kompetenz wie z.B. dem Enteignungsverfahren.

Im Bereich der privaten Wertermittlung ist die Anwendung des LBG nicht unbedingt notwendig[8].

> *„Im Geltungsbereich des LBG ist der Bewertungsanlass für die Höhe des zu ermittelnden Verkehrswertes ohne Bedeutung. Es macht keinen Unterschied, ob die Liegenschaftsbewertung z.B. für ein Enteignungsentschädigungsverfahren, für einen Zivilprozess oder für ein Verfahren zur Aufteilung des ehelichen Gebrauchsvermögens und der ehelichen Ersparnisse erfolgt. In allen Fällen muss sich immer ein und derselbe Verkehrswert ergeben."*[9]

Der Verkehrswert im LBG ist in §2 wie folgt definiert:

> *„(1) Sofern durch Gesetz oder Rechtsgeschäft nichts anderes bestimmt wird, ist der Verkehrswert der Sache zu ermitteln.*
>
> *(2) Verkehrswert ist der Preis, der bei einer Veräußerung der Sache üblicherweise im redlichen Geschäftsverkehr für sie erzielt werden kann.*
>
> *(3) Die besondere Vorliebe und andere ideelle Wertzumessungen einzelner Personen haben bei der Ermittlung des Verkehrswertes außer Betracht zu bleiben."*[10]

---

[8]Vgl. KRANEWITTER, H.: Liegenschaftsbewertung, 6.Auflage. S. 3

[9] https://www.ris.bka.gv.at/GeltendeFassung.wxe?Abfrage=Bundesnormen&Gesetzesnummer=10003036. Datum des Zugriffs: 20.Oktober.2018

[10] https://www.ris.bka.gv.at/GeltendeFassung.wxe?Abfrage=Bundesnormen&Gesetzesnummer=10003036. Datum des Zugriffs: 20.Oktober.2018

Grundsätzlich obliegt die Entscheidung, welches Wertermittlungsverfahren verwendet wird, dem Sachverständigen. In Ausnahmefällen kann das Verfahren vom Gericht oder der Verwaltungsbehörde bestimmt werden.

Zur Wertermittlung sind Verfahren zugelassen, die den Stand der Wissenschaft entsprechen. Explizit hervorgehoben werden hier das Vergleichswertverfahren (§4), Ertragswertverfahren (§5) und das Sachwertverfahren (§6). Wenn es notwendig ist, kann der Verkehrswert mit mehreren Wertermittlungsverfahren bestimmt werden.[11]

---

[11]Vgl. KRANEWITTER, H.: Liegenschaftsbewertung, 6.Auflage. S. 3

3.1 §4 Vergleichswertverfahren

> *„(1) Im Vergleichswertverfahren ist der Wert der Sache durch Vergleich mit tatsächlich erzielten Kaufpreisen vergleichbarer Sachen zu ermitteln (Vergleichswert). [...]“*[12]

Unter vergleichbare Sachen zählen Sachen, welche dieselben Eigenschaften aufweisen wie das zu bewertende Objekt. Wenn Eigenschaften abweichen, können diese durch Zu- oder Abschläge berücksichtigt werden.

> *„(2) Zum Vergleich sind Kaufpreise heranzuziehen, die im redlichen Geschäftsverkehr in zeitlicher Nähe zum Bewertungsstichtag in vergleichbaren Gebieten erzielt wurden. [...]“*[13]

Um einen Kaufpreis im redlichen Geschäftsverkehr handelt es sich, wenn in dem Preis keine persönlichen Vorlieben oder ideelle Wertzumessungen enthalten sind.

> *„(3) Kaufpreise, von denen anzunehmen ist, daß sie durch ungewöhnliche Verhältnisse oder persönliche Umstände der Vertragsteile beeinflußt wurden, dürfen zum Vergleich nur herangezogen werden, wenn der Einfluß dieser Verhältnisse und Umstände wertmäßig erfaßt werden kann und die Kaufpreise entsprechend berichtigt werden.“*[14]

Somit können Kaufpreise, die besonders niedrig sind, durch, z.B. ein besonderes Naheverhältnis des Verkäufers und Käufers oder höher als gewöhnlich durch Liebhaberei, nicht direkt als Vergleichspreis verwendet werden. Sind die Größen bekannt, ist der Kaufpreis dementsprechend zu korrigieren.

---

12 https://www.ris.bka.gv.at/GeltendeFassung.wxe?Abfrage=Bundesnormen&Gesetzesnummer=10003036. Datum des Zugriffs: 20.Oktober.2018

13 https://www.ris.bka.gv.at/GeltendeFassung.wxe?Abfrage=Bundesnormen&Gesetzesnummer=10003036. Datum des Zugriffs: 20.Oktober.2018

14 https://www.ris.bka.gv.at/GeltendeFassung.wxe?Abfrage=Bundesnormen&Gesetzesnummer=10003036. Datum des Zugriffs: 20.Oktober.2018

3.2 §5 Ertragswertverfahren

Im Ertragswertverfahren wird der Wert durch Kapitalisierung des Reinertrages über die Nutzungsdauer ab dem Bewertungsstichtag ermittelt. Für die Kapitalisierung ist ein angemessener Zinssatz zu wählen. Dieser ist von der Art des Objektes abhängig.

Der Reinertrag für die Kapitalisierung errechnet sich wie folgt:

> *„(2) Hierbei ist von jenen Erträgen auszugehen, die aus der Bewirtschaftung der Sache tatsächlich erzielt wurden (Rohertrag). Durch Abzug des tatsächlichen Aufwands für Betrieb, Instandhaltung und Verwaltung der Sache (Bewirtschaftungsaufwands) und der Abschreibung vom Rohertrag errechnet sich der Reinertrag; die Abschreibung ist nur abzuziehen, soweit sie nicht bereits bei der Kapitalisierung berücksichtigt wurde. Bei der Ermittlung des Reinertrags ist überdies auf das Ausfallwagnis und auf allfällige Liquidationserlöse und Liquidationskosten Bedacht zu nehmen.“*[15]

Sind keine Aufzeichnungen über die Erträge vorhanden oder wird die Liegenschaft nicht ordnungsgemäß bewirtschaftet, sind die Erträge und Bewirtschaftungskosten von vergleichbaren Sachen anzunehmen. Die Erträge sollten dabei nachhaltig erzielbar sein.

3.3 §6 Sachwertverfahren

Im Sachwertverfahren setzt sich der Wert aus dem Bodenwert, dem Bauwert und dem Wert sonstiger Bestandteile zusammen.

Der Bodenwert wird mittels Vergleichswertverfahren ermittelt.

---

15 https://www.ris.bka.gv.at/GeltendeFassung.wxe?Abfrage=Bundesnormen&Gesetzesnummer=10003036. Datum des Zugriffs: 20.Oktober.2018

„(2) Der Bodenwert ist in der Regel als Vergleichswert durch Heranziehung von Kaufpreisen vergleichbarer unbebauter und unbestockter Liegenschaften zu ermitteln. Wertänderungen, die sich demgegenüber aus der Bebauung oder Bestockung der zu bewertenden Liegenschaft oder deren Zugehörigkeit zu einem Liegenschaftsverband ergeben, sind gesondert zu berücksichtigen.“[16]

Als bestockt werden Grundstücke bezeichnet auf denen Bäume gepflanzt sind.

„(3) Der Bauwert ist die Summe der Werte der baulichen Anlagen. […]“[17]

Bei dem Bauwert handelt es sich um den Herstellungswert am Bewertungsstichtag. Davon werden die technischen und wirtschaftlichen Wertminderungen abgezogen. Sonstige wertbeeinflussende Umstände wie die Lage oder Beschränkungen jeglicher Art sind gesondert zu berücksichtigen.

16 https://www.ris.bka.gv.at/GeltendeFassung.wxe?Abfrage=Bundesnormen&Gesetzesnummer=10003036. Datum des Zugriffs: 20.Oktober.2018

17 https://www.ris.bka.gv.at/GeltendeFassung.wxe?Abfrage=Bundesnormen&Gesetzesnummer=10003036. Datum des Zugriffs: 20.Oktober.2018

4 ÖNORM B 1802:1997

Die ÖNORM B1802:1997 Liegenschaftsbewertung – Grundlagen gliedert sich in drei Teile. Der erste Teil befasst sich mit den Grundlagen der Wertermittlung und dient der Qualitätsverbesserung und Ergänzung neben dem LBG. Durch die Darstellung der Vorgehensweise erleichtert sie die Arbeit des Sachverständigen und hilft dem Auftraggeber das Bewertungsgutachten zu verstehen.

Der zweite Teil beschäftigt sich mit dem Discounted-Cash-Flow-Verfahren (DCF-Verfahren). Ein vor allem im internationalen Umfeld oft benutztes ertragsorientiertes Bewertungsverfahren für Investitionsentscheidungen. Dieses ist seit 2008 auch Teil der Norm[18] (näheres dazu im Abschnitt 5.4).

Der dritte Teil widmet sich dem Residualwertverfahren, welches seit 2014 Teil der Norm ist. Es handelt sich auch um ein internationales Bewertungsverfahren zur Marktwertermittlung und Wirtschaftlichkeitsanalyse von Immobilien[19] (näheres dazu im Abschnitt 5.5).

Die wesentlichen Inhalte der ÖNORM B 1802:1997 Liegenschaftsbewertung – Grundlagen sind:

- **Anwendungsbereich**
  Die Norm dient zur Grundlagenermittlung des Verkehrswertes von un- und bebauten Liegenschaften und Liegenschaftsteilen, sowie Bestandteile von Gebäuden, Außenanlagen, Superädifikaten und Baurechten.

- **Begriffsbestimmungen**
  In der ÖNORM B 1802:1997 werden folgende Begriffe zusätzlich zur ÖNORM B 1801-1:2015 und B 1801-2:2011[20] definiert:

---

[18]Vgl. KRANEWITTER, H.: Liegenschaftsbewertung, 6.Auflage. S. 4

[19]Vgl. ÖSTERREICHISCHES NORMUNGSINSTITUT: ÖNORM B 1802-3:2014 08 01 - Liegenschaftsbewertung Teil 3: Residualwertverfahren. ÖNORM. S. 3

[20] Bei der Neubearbeitung der ÖNORM B 1801 sind die Regelungen zur Verkehrswertermittlung ausgegliedert worden. Die Verkehrswertermittlung ist seitdem in der ÖNORM B 1802 gegliedert. Die Begriffsdefinitionen basieren jedoch weiter auf der ÖNORM B 1801.

Bauerwartungsland, Bauland, Bewertungsstichtag, Verkehrswert und Zubehör.

- **Allgemeine Grundsätze**
  Hier wird auf die notwendige Sorgfalt der durchführenden Person hingewiesen, da die Ergebnisse keine exakten mathematischen, sondern durch Erfahrungswerte ermittelte sind. Der Auftraggeber ist über diese Umstände aufzuklären. Am Ende soll das Bewertungsgutachten für den Betrachter verständlich und nachvollziehbar sein.
- **Einflussgrößen der Wertermittlung**
  Beispielhaft werden die Parameter definiert, welche Einfluss auf die Wertermittlung haben. Diese sind zu prüfen und zu beurteilen. Hier eine demonstrative Auflistung der Parameter:
  - Art und Umfang der Nutzung
  - Entwicklungsmöglichkeiten
  - Nutzungsmöglichkeiten
  - Rechte und Lasten
  - Beschaffenheit und Eigenschaften
  - Lage
- **Wertermittlungsverfahren**
  Die klassischen Wertermittlungsverfahren Vergleichswert-, Ertragswert- und Sachwertverfahren werden erklärt und mit Ablaufschemata dargestellt.
- **Wahl des Wertermittlungsverfahren**
  Der Gutachter wählt das Wertermittlungsverfahren, welches für den Bewertungsfall am geeignetsten ist. Das Verfahren ist nach Stand der Technik zu wählen. Wenn notwendig, können auch mehrere Verfahren kombiniert angewendet werden.

- **Flächen und Rauminhalte**
  Die Größe des Grundstücks wird vom Vermessungsamt ermittelt. Die Flächen des Gebäudes sind aus den Plänen entnehmbar oder falls nicht vorhanden durch Aufmaß zu ermitteln.

- **Bezugsnormen und notwendige Rechtsvorschriften**
  Die ÖNORM B 1802:1997 bezieht sich auf weitere Quellen. Darunter zählen die ÖNORM B 1800:2013 (Ermittlung von Flächen und Rauminhalten von Bauwerken), ÖNORM B 1801-1:2015, ÖNORM B 1801-2:2011 (Kosten im Hoch- und Tiefbau) und das LBG.[21]

---

[21] Vgl. ÖSTERREICHISCHES NORMUNGSINSTITUT: ÖNORM B 1802:1997 12 01: Liegenschaftsbewertung - Grundlagen. ÖNORM. S. 2ff.

5 Bewertungsverfahren

Die Gründe für eine Bewertung können vielfältig sein. Möglich wären:

- Kauf und Verkauf
- Beleihung
- Steuerliche Zwecke
- Zwangsversteigerungen
- Bilanzerstellungen
- Erb- oder Scheidungsrechtliche Auseinandersetzungen
- Städtebauliche Verfahren

Zur Auswahl stehen mehrere Verfahren. Im LBG ist das Vergleichs-, Ertrags-, und Sachwertverfahren empfohlen und als gleichwertig zu sehen. Es besteht aber auch die Möglichkeit mit anderen Verfahren, welche den Stand der Wissenschaft entsprechen, zu bewerten.

Für jede Bewertung gibt es ein oder mehrere geeignete Bewertungsverfahren, welche der Sachverständige wählt. Der ermittelte Wert muss prüfbar, nachvollziehbar und begründbar sein.[22]

In der ÖNORM B 1802-2:2008 und ÖNORM B 1802-3:2014 sind noch weitere zwei Verfahren geregelt, das DCF- und Residualwertverfahren. In nachfolgenden Abschnitten werden die genannten Verfahren genauer hinsichtlich ihrer Anwendungsgebiete und den Ablauf der Bewertung erklärt.

[22] Vgl. WIESINGER, S.: Ermittlung des Verkehrswerts von kontaminierten Liegenschaften. Diplomarbeit. S. 25

5.1 Vergleichswertverfahren

In dem Fall, dass es genügend Vergleichsobjekte gibt, ist das Vergleichswertverfahren das einfachste und zuverlässigste Verfahren zur Wertermittlung. Auch nicht Fachkundige können die Bewertung leicht nachvollziehen.

Das Vergleichswertverfahren findet bspw. Anwendung bei der Ermittlung:

- des Verkehrswertes von unbebauten Liegenschaften
- des Bodenwertes im Sachwert- und Ertragswertverfahren
- des Verkehrswertes von Eigentumswohnungen, Reihenhäusern, Doppelhäusern, Garagen und Stellplätzen.

Die Kaufpreise sind in den Urkundensammlungen des Grundbuchs beim Bezirksgericht zu finden. Auch können solche Informationen bei Immobilienmaklern, Realitätenbüros und Gemeindeämtern eingeholt werden. Als Bewerter ist es empfehlenswert, eine eigene Kaufpreissammlung mit den ermittelten Vergleichspreisen anzulegen, um bei zukünftigen Bewertungen diese zu verwenden.

Zu beachten ist, dass nicht jeder Kaufpreis geeignet ist. Der Preis muss durch einen redlichen Kauf in örtlicher und zeitlicher Nähe entstanden sein. Somit entfallen Liebhaberpreise, Gefälligkeitspreise unter Verwandten und Freunden.

Falls keine Vergleichswerte aus der Nähe zur Verfügung stehen, können auch andere Kaufpreise aus Gebieten mit ähnlichen Verhältnissen herangezogen werden.

Grundsätzlich müssen ausreichend Kaufpreise vorhanden sein und die wertbestimmenden Eigenschaften übereinstimmen, um einen Vergleich zu ermöglichen. Die verbleibenden Unterschiede sind durch Zu- und Abschläge zu berücksichtigen.[23]

---

[23]Vgl. KRANEWITTER, H.: Liegenschaftsbewertung, 6.Auflage. S. 59ff.

Die Anforderung der Vergleichbarkeit wird von unbebauten Liegenschaften leichter erfüllt, als von bebauten. Deswegen ist das Vergleichswertverfahren, das bevorzugte zur Ermittlung des Wertes von unbebauten Liegenschaften.[24]

Abbildung 5-1: Ablaufschema Vergleichswertverfahren[25]

Abbildung 5-1 zeigt das Ablaufschema um zu einem Vergleichswert zu gelangen. Vorteilhaft ist, bereits vorab die wertbestimmenden Faktoren wie z.B. Grundfläche, Wohnfläche, Alter des Gebäudes und Gebäudeart zu ermitteln. Je mehr Übereinstimmungen der Faktoren vorherrschen, desto leichter fällt die Ermittlung des Vergleichswertes.

[24]Vgl. FRANZ JOSEF, S.; KAINZ, F.: Der Wert der Immobilien. S. 364

[25]In Anlehnung an FUNK, M. et al.: Vergleichswertverfahren. In: Immobilienbewertung Österreich. S. 164

5.1.1 Lage und Nutzbarkeitsmerkmale

Mögliche Merkmale sind:

- Lagemerkmale
  - Makrolage z.B.: Region, Stadt, Infrastruktur, Kulturelles und Freizeitangebot.
  - Mikrolage z.B.: Stadtteil, Lage des Grundstücks, Verkehrsanbindung, Ver- und Entsorgungsmöglichkeiten.

- Nutzungsmerkmale
  - Grundstück, z.B.: Flächenwidmungs- und Bebauungsbestimmungen, Erschließung, Bodenbeschaffenheit, Größe und Form des Grundstücks.
  - Bauliche Anlagen, z.B.: Nutzflächen, Anzahl der vermietbaren Bestandseinheiten, bestehende Bestandsverhältnisse, Alter der baulichen Anlagen und Renovierungsgrad.

5.1.2 Suche nach Kaufpreisen und Bestandsentgelten

Zur Bewertung sind ausreichend Kaufpreise von Objekten notwendig mit ähnlichen Lage- und Nutzungsmerkmalen. Die Kaufpreise sind entweder im Grundbuch ersichtlich oder über öffentlich zugängliche Kaufpreissammlungen. Möglich ist auch eine eigene Kaufpreissammlung anzulegen. *Funk* gibt aus statistischen Erfahrungswerten an, dass sieben bis acht Vergleichsobjekte gut wären. Die unterste Grenze um Vergleiche anstellen zu können sind drei Objekte. Falls weniger vorhanden sind oder die Vergleichsmerkmale zu unterschiedlich sind, empfiehlt es sich ein anderes Verfahren zu bevorzugen.[26]

---

[26] Vgl. FUNK, M. et al.: Vergleichswertverfahren. In: Immobilienbewertung Österreich. S. 166

Die Vergleichspreise sollten durch einen redlichen Kauf entstanden sein. Das heißt, dass die Preisfindung logisch nachvollziehbar ist und alle gesetzlichen Anforderungen erfüllt sind. Nicht zulässig sind Preise bei denen im Kaufvertrag eine andere Summe abgebildet ist, als tatsächlich gezahlt wurde und Preise, die durch ein Naheverhältnis zwischen Käufer und Verkäufer entstanden sind.

Ein weiterer Punkt ist die zeitliche Nähe zum Bewertungsstichtag an dem die Vergleichspreise erzielt wurden. Durch die allgemeine konjunkturelle und wirtschaftliche Situation ändern sich die Bedingungen zu denen ein gewisser Preis am Markt erzielbar ist. Je näher der Verkauf des Vergleichsobjektes zum Bewertungsstichtag liegt, desto wahrscheinlicher ist es, dass der Preis in der gleichen Marktsituation erzielt wurde.

Der Standort der Vergleichsliegenschaften soll in der näheren Umgebung sein, damit ähnliche Marktbedingungen herrschen. Falls in der Nähe keine Vergleichsobjekte zu finden sind, können auch aus anderen Gebieten, mit ähnlicher Marktlage und örtlichen Verhältnissen, Vergleichsliegenschaften benutzt werden.[27]

5.1.3Qualitätssicherung der Vergleichswerte

Um die Qualität des Vergleichswerts zu sichern, sind Kaufpreise auszunehmen die durch ungewöhnliche Umstände oder persönliche Verhältnisse entstanden sind. Sind die Einflüsse erfassbar, können die Kaufpreise dementsprechend berichtigt werden.[28]

---

[27]Vgl. FUNK, M. et al.: Vergleichswertverfahren. In: Immobilienbewertung Österreich. S. 168ff.

[28]Vgl. FUNK, M. et al.: Vergleichswertverfahren. In: Immobilienbewertung Österreich. S. 170

5.1.4Zu- und Abschläge

Wenn die Vergleichsliegenschaften abweichende Eigenschaften haben, sind diese durch Zu- oder Abschläge zu korrigieren. Ist das Vergleichsobjekt z.B. qualitativ hochwertiger als das zu bewertende Objekt, ist ein Abschlag zu nehmen. Umgekehrt ist bei einer niedrigeren Qualität ein Zuschlag zu berücksichtigen.[29]

5.1.5Statistische Auswertung

Durch die Anwendung von statistischen Verfahren können die angepassten Vergleichswerte zur Bewertung der Liegenschaft herangezogen werden. Das einfachste Verfahren stellt das arithmetische und das gewichtete arithmetische Mittel dar. Bei dem gewichteten Mittel wird zusätzlich über die Zeit zum Bewertungsstichtag gewichtet. Weiter zurückliegende Käufe haben weniger Einfluss, als erst kürzlich getätigte.

Weit abweichende Werte, sowohl nach oben als auch nach unten sollten mit Vorsicht behandelt werden. Sie sind möglicherweise nicht Teil der Grundgesamtheit und sind auszuschließen. *Funk* gibt als Grenze für Ausreißer ± 35 % des gewichteten oder ungewichteten arithmetischen Mittels an.[30]

---

[29]Vgl. FUNK, M. et al.: Vergleichswertverfahren. In: Immobilienbewertung Österreich. S. 172

[30]Vgl. FUNK, M. et al.: Vergleichswertverfahren. In: Immobilienbewertung Österreich. S. 180

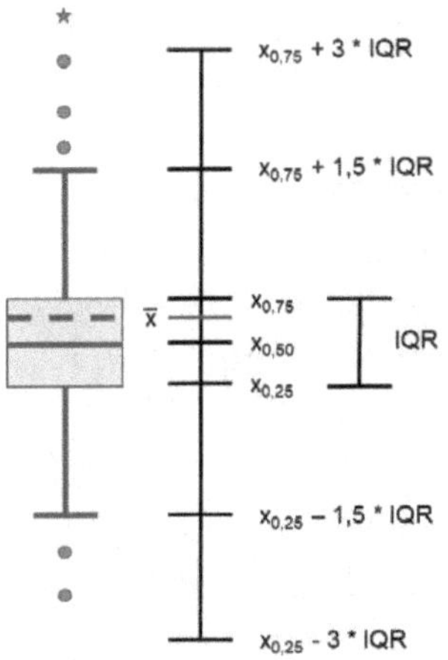

Abbildung 5-2: Box-Plot – demonstrative Darstellung[31]

Eine Möglichkeit die Daten zu vergleichen und auf deren Eignung bzw. Streuung zu überprüfen, ist mittels Box-Plot. Diese Darstellung ermöglicht schnell eine Übersicht zu erhalten, in welchem Bereich die Werte liegen und wie sie sich verteilen. In der Box sind 50 % (Interquartilsabstand zwischen 25 % ($x_{0,25}$) und 75 % ($x_{0,75}$) Quartil) der Werte enthalten.

Der Median ist der durchgezogene Strich in der Box wie in Abbildung 5-2 dargestellt. Dieser liegt in diesem Fall in der Mitte der Box, da es sich um eine annähernd symmetrische Verteilung handelt. Bei einer schiefen Verteilung liegt der Median nicht in der Mitte. Über und unter dem Median liegen 50 % der Werte. Der Mittelwert (strichlierte Linie in der Box) liegt im oberen Bereich der Box, was sich durch einige Ausreißer nach oben erklären lässt.

Die Antennen, auch „Whisker" oder „fence" genannt, geben die Grenzen für Ausreißer aus. Werte die außerhalb liegen, werden als Ausreißer bezeichnet (als Kreise dargestellt). Werte die außerhalb von 3

[31] HOFSTADLER, C.: Produktivität im Baubetrieb. S. 103

Interquartilsabständen liegen (als Stern dargestellt), werden als Extremwerte bezeichnet. Die Klassifizierung ist jedoch formal und diese Werte müssen speziell betrachtet werden.[32]

Die Vergleichswerte streuen um den Mittelwert. Ein Maß für die Streuung ist die Standardabweichung. Sind die Vergleichswerte eng zusammen, eignet sich der Mittelwert gut für die weitere Berechnung. Im Fall einer großen Streuung liegen die Vergleichswerte weit auseinander und die Berechnung des Vergleichswertes mit dem Mittelwert hat eine höhere Unsicherheit.[33]

In Abbildung 5-3 sind zwei Streuungen mit demselben Mittelwert dargestellt. Bei der flachen Kurve ist die Streuung größer als bei der steilen Kurve. Die einzelnen Werte liegen demzufolge weiter auseinander.

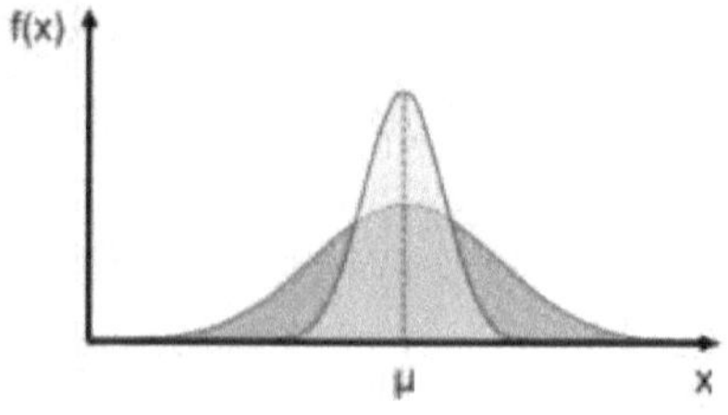

Abbildung 5-3: Vergleich unterschiedlicher Streuungen – qualitative Darstellung[34]

Ein weiteres Verfahren, wenn die Kaufpreise aus verschiedenen Jahren sind und kein allgemein gültiger Zusammenhang hergestellt werden kann, ist die Regressionsanalyse. Das Ziel ist, eine Funktion im einfachsten Fall eine Gerade, zu finden, die zu den Wertepaaren Zeitpunkt und Kaufpreis am besten passt.

Die Regressionsanalyse gibt jedoch keine Auskunft über den Zusammenhang zwischen Kaufzeitpunkt und Kaufpreis. In der Korrelationsanalyse wird der Einfluss eines Wertes auf einen anderen ermittelt.

---

[32] Vgl. HOFSTADLER, C.: Produktivität im Baubetrieb. S. 102ff.

[33] Vgl. FUNK, M. et al.: Vergleichswertverfahren. In: Immobilienbewertung Österreich. S. 176

[34] HOFSTADLER, C.; KUMMER, M.: Chancen- und Risikomanagement in der Bauwirtschaft. S. 60

Der Korrelationskoeffizient liegt immer zwischen -1 und +1. Eine negative Korrelation, also -1, bedeutet, es herrscht ein perfekt negativer Zusammenhang. Wird ein Wert größer, wird der andere kleiner. Bei einer positiven Korrelation, also +1, liegt eine perfekt positive Korrelation vor. Wird ein Wert größer, wird der zweite Wert im gleichen Ausmaß größer.[35] Näheres dazu im Abschnitt 7.1.12.

5.1.6 Berücksichtigung sonstiger wertbeeinflussender Umstände

In den meisten Fällen entspricht der ermittelte Vergleichswert bereits dem Verkehrswert. In Einzelfällen sind noch Wertkorrekturen möglich, wenn sie nicht bereits in vorherigen Schritten berücksichtigt worden sind.[36]

5.1.7 Anpassung an die Marktlage

Wenn die Vergleichsobjekte sorgfältig ausgewählt wurden, entspricht der ermittelte Wert bereits einem dem Markt entsprechenden und es müssen keine Anpassungen mehr vorgenommen werden.

5.1.8 Vergleichswert

Der ermittelte Vergleichswert ist bereits der gesuchte Verkehrswert und es müssen keine Anpassungen mehr vorgenommen werden.

Das Bewertungsverfahren kann für alle Immobilienmärkte und Grundstückskäufe angewendet werden.[37]

---

[35] Vgl. FUNK, M. et al.: Vergleichswertverfahren. In: Immobilienbewertung Österreich. S. 183ff.

[36] Vgl. FUNK, M. et al.: Vergleichswertverfahren. In: Immobilienbewertung Österreich. S. 188

[37] Vgl. FUNK, M. et al.: Vergleichswertverfahren. In: Immobilienbewertung Österreich. S. 188

5.2 Sachwertverfahren

Das Hauptanwendungsgebiet des Sachwertverfahrens liegt in der Wertermittlung für eigengenutzte Liegenschaften wie Einfamilienhäuser und für Liegenschaften, bei denen es keine geeigneten Vergleichswerte gibt.[38]

Der Wert der Bausubstanz ist für den potenziellen Käufer entscheidend und nicht die Renditeerwartung. Somit bietet es sich wie bereits erwähnt für die Wertermittlung von Ein- oder Zweifamilienhäusern, aber auch für Verwaltungs- und Repräsentationsgebäude, Schulen, Krankenhäuser die keine Vergleichsmieten haben, an.[39]

Der Ablauf gestaltet sich wie in Abbildung 5-4. Der Sachwert setzt sich aus dem Bodenwert, den Bauwert und dem Wert des Zubehörs zusammen.

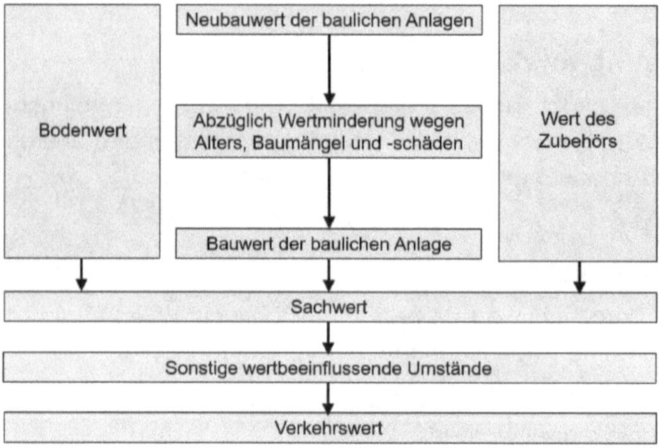

Abbildung 5-4: Sachwertverfahren[40]

[38] Vgl. KRANEWITTER, H.: Liegenschaftsbewertung, 6.Auflage. S. 63

[39] Vgl. FUNK, M.; KOESSLER, C.; STOCKER, G.: Sachwertverfahren. In: Immobilienbewertung Österreich. S. 265

[40] In Anlehnung an FUNK, M.; KOESSLER, C.; STOCKER, G.: Sachwertverfahren. In: Immobilienbewertung Österreich. S. 268

5.2.1 Bodenwert

Der Bodenwert wird mit dem Vergleichswertverfahren ermittelt. Der Boden ist mit dem Gebäude über die Lebensdauer verbunden und ist somit nicht mehr frei verfügbar. Dieser Zustand wird als „gebundener Boden" bezeichnet. In begründeten Fällen ist ein Bebauungsabschlag, ein Abschlag wegen Minderausnutzung oder ein Zuschlag wegen Mehrausnutzung zu berücksichtigen.[41]

Erweiterungs- oder Reserveflächen sind getrennt von dem gebunden Boden als unbebaute Flächen zu bewerten.[42]

5.2.2 Neubauwert der baulichen Anlagen

Die baulichen Anlagen beinhalten das Gebäude, die Außenanlage und ggf. sonstige Einrichtungen. Als Kosten sind die gewöhnlichen Herstellungskosten anzusetzen, welche auch Baunebenkosten sowie anteilig Honorare enthalten.

Die Kosten beziehen sich nicht auf die Herstellung des Objektes zu damaligen Bedingungen, sondern auf die Neuerrichtung zum Bewertungsstichtag. Was nicht bedeutet, dass es sich um Rekonstruktionskosten für die exakte Wiedererrichtung handelt. Es sind fiktive Neuerrichtungskosten um ein wirtschaftliches und technisch gleichwertiges Bauwerk am Bewertungsstichtag zu errichten.[43]

Die anzusetzenden Kosten sind die Normalherstellungskosten und nicht die tatsächlichen Herstellungskosten. Durch spezielle Umstände können diese höher bzw. niedriger sein als die Normalherstellungskosten. Darunter zählen z.B. Nachtarbeit, Eigenleistung oder Kostenvorteile durch persönliche Beziehungen.

---

[41] Vgl. KRANEWITTER, H.: Liegenschaftsbewertung, 6.Auflage. S. 63

[42] Vgl. FUNK, M.; KOESSLER, C.; STOCKER, G.: Sachwertverfahren. In: Immobilienbewertung Österreich. S. 270

[43] Vgl. FUNK, M.; KOESSLER, C.; STOCKER, G.: Sachwertverfahren. In: Immobilienbewertung Österreich. S. 270ff.

Auf Grund der tatsächlichen Herstellungskosten ergibt sich ein subjektiver Betrag, durch subjektive Einflüsse. Für ein objektives Bild sind die durchschnittlichen Herstellungskosten heranzuziehen.[44]

Die Normalherstellungskosten sind durchschnittliche Baukosten für bestimmte Gebäudetypen.

Funk empfiehlt die Verwendung der NHK aus Deutschland. In Österreich sind keine flächendeckenden, nach Ausführungsstandards differenzierten Benchmarks verfügbar.[45]

Kranewitter hat dazu Richtpreistabellen von durchschnittlichen Herstellungskosten aus Erfahrungswerten für verschiedene Objekte.[46]

Objektart	Bezugseinheit
Wohn-, Geschäfts-, Büro- und gewerblich genutzte Bauten	m^2 Netto-Grundfläche oder m^3 Brutto-Rauminhalt
Eigentumswohnungen	m^2 Wohnnutzfläche
Industriegebäude, Hallen	m^2 Brutto-Grundfläche

Tabelle 5-1: Bezugseinheiten Herstellungskosten[47]

Die unterschiedlichen Bezugseinheiten für die Herstellungskosten sind in Tabelle 5-1 ersichtlich.

Die Brutto-Grundfläche ist die Summe aller Flächen und ist begrenzt durch die Außenkante Außenmauer.

[44]Vgl. SOMMER, G.; KRÖLL, R.: Lehrbuch zur Immobilienbewertung, 4.Auflage. S. 55

[45] Vgl. FUNK, M.; KOESSLER, C.; STOCKER, G.: Sachwertverfahren In: Immobilienbewertung Österreich. S. 273

[46]Vgl. KRANEWITTER, H.: Liegenschaftsbewertung, 6.Auflage. S. 299

[47]In Anlehnung an KRANEWITTER, H.: Liegenschaftsbewertung, 6.Auflage. S. 64

Der Brutto-Rauminhalt ist die Summe der Kubaturen des gesamten Gebäudes bis zur jeweiligen Außenfläche. Der Brutto-Rauminhalt lässt sich auch durch die Multiplikation der Brutto-Grundfläche mit der Höhe ermitteln.

Die Netto-Grundfläche ist die gesamte benutzbare Fläche auch mit Verkehrs- und Technikflächen.

Die Wohnnutzfläche ist die in einer Einheit benutzbare Fläche ohne Verkehrs und Technikflächen.[48]

Der Wert der Außenanlagen kann durch ihre tatsächlichen Kosten, durch Pauschalbeträge oder in Prozent der Bauwerkskosten angesetzt werden.[49]

5.2.3Wertminderung

Die Wertminderung ergibt sich bedingt durch das Alter, Baumängel und
-schäden.

Auch bei optimaler Bewirtschaftung erreicht jedes Gebäude ein Alter in dem es nicht mehr wirtschaftlich nutzbar ist. Laufende Instandhaltung kann den Zeitpunkt jedoch hinauszögern. Die wirtschaftliche Nutzungsdauer wird durch vier Faktoren beeinflusst:

- Dauerhaftigkeit des Rohbaus
- Qualität und Ausführung des Gebäudes
- Laufende Unterhaltung
- Äußere Einflüsse und Umwelteinflüsse[50]

---

[48]Vgl. KRANEWITTER, H.: Liegenschaftsbewertung, 6.Auflage. S. 65

[49] Vgl. FUNK, M.; KOESSLER, C.; STOCKER, G.: Sachwertverfahren. In: Immobilienbewertung Österreich. S. 277

[50] Vgl. FUNK, M.; KOESSLER, C.; STOCKER, G.: Sachwertverfahren. In: Immobilienbewertung Österreich. S. 287ff.

Die Abschreibung wegen Alters ist in den meisten Fällen linear oder progressiv mit einem Wert am Ende der Nutzungsdauer von 0 €. Jedoch gibt es auch andere Wertminderungsfunktionen, die hier nicht näher erwähnt werden.[51]

Baumängel entstehen durch eine unsachgemäße Ausführung in der Erstellungsphase und Bauschäden sind eine Folge davon oder hervorgerufen durch schlechte Instandhaltung. Die Höhe der Beseitigungskosten ist durch Erfahrungssätze oder durch die tatsächlich angefallenen Kosten zu berücksichtigen.[52]

5.2.4Wert des Zubehörs

Unter Zubehör fallen Sachen, die im engen Zusammenhang mit dem Gebrauch des Grundstücks stehen. Dazu zählen z.B. Einbauküchen, Duschen, Saunas etc.[53]

5.2.5Sachwert

Der Sachwert ergibt sich aus der Summe des gebundenen Bodenwertes, Wert des Zubehörs und dem Bauwert der baulichen Anlage. Der Sachwert muss jedoch noch nicht mit dem Verkehrswert der Liegenschaft übereinstimmen. Möglicherweise sind noch sonstige wertbeeinflussende Faktoren anzusetzen.[54]

5.2.6Sonstige wertbeeinflussende Umstände

Wenn die Umstände nicht bereits bei der Bewertung des Grundstücks und des Gebäudes angesetzt wurden, sind die Korrekturen durch Zu- oder Abschläge hier vorzunehmen. Mögliche Umstände, die Einfluss

---

[51]Vgl. KRANEWITTER, H.: Liegenschaftsbewertung, 6.Auflage. S. 79

[52] Vgl. FUNK, M.; KOESSLER, C.; STOCKER, G.: Sachwertverfahren. In: Immobilienbewertung Österreich. S. 301

[53]Vgl. BIENERT, S.: Bewertungsgegenstand. In: Immobilienbewertung Österreich. S. 51

[54]Vgl. KRANEWITTER, H.: Liegenschaftsbewertung, 6.Auflage. S. 81

auf den Verkehrswert haben und gesondert berücksichtigt werden müssen, sind z.B.:

- Ungünstige Liegenschaftsgröße
- Ungünstiger Standort
- Denkmalschutz
- Rechte und Pflichten
- Marktlage[55]

5.2.7 Verkehrswert

Der Verkehrswert der Liegenschaft ergibt sich aus dem Sachwert, der an die aktuelle Marktsituation angepasst ist. Sind sehr viele Objekte zurzeit am Markt erhältlich, ist dies durch einen Abschlag zu berücksichtigen. Ist die Nachfrage sehr groß und es gibt viele mögliche Käufer, kann ein Zuschlag angesetzt werden.[56]

[55]Vgl. KRANEWITTER, H.: Liegenschaftsbewertung, 6.Auflage. S. 82

[56]Vgl. KRANEWITTER, H.: Liegenschaftsbewertung, 6.Auflage. S. 83

5.3 Ertragswertverfahren

Das Ertragswertverfahren findet Anwendung bei Liegenschaften, deren Nutzen in erster Linie die Vermietung oder Verpachtung ist. Dazu zählen u.A. Zinshäuser, Hotels, Büro-, Gewerbe-, Handelsimmobilien und gemischt genutzte Objekte.

Der Ertragswert ergibt sich aus dem jährlichen Ertrag. Das Verfahren hat vor allem Bedeutung, wenn es sich bei der Liegenschaft um eine Investition handelt und die Frage nach der Rentabilität gestellt wird. Die zukünftigen Einnahmen werden auf den Bewertungsstichtag diskontiert. Die Erwirtschaftung von Einnahmeüberschüssen steht im Vordergrund. Daraus leitet sich der Verkehrswert der Liegenschaft ab.[57]

Das Ertragswertverfahren gewinnt aus mehreren Gründen in den letzten Jahren zunehmend an Bedeutung. Hier einige Beispiele dazu:

- Immobilien sind öfters Anlageobjekte
- Investoren kaufen Liegenschaften um sie für eine begrenzte Zeit zu behalten und anschließend gewinnbringend verkaufen zu können
- Immobilienverkäufe mit der Möglichkeit diese zurückzumieten gewinnen an Bedeutung (Sale and Lease Back)
- Die öffentliche Hand muss zunehmend wirtschaftlicher Arbeiten[58]

Der Liegenschaftswert setzt sich beim Ertragswertverfahren aus drei Teilen zusammen – dem Bodenwert, der Wert der baulichen Anlagen als Ertragswert und dem Wert der Außenanlagen, welcher meist aber bereits in dem Wert der baulichen Anlagen berücksichtigt wird.[59]

---

[57] Vgl. BIENERT, S.: Ertragswertverfahren. In: Immobilienbewertung Österreich. S. 327ff.

[58] Vgl. BIENERT, S.: Ertragswertverfahren. In: Immobilienbewertung Österreich. S. 329

[59] Vgl. KRANEWITTER, H.: Liegenschaftsbewertung, 6.Auflage. S. 87

Wie bereits auch beim Sachwertverfahren, wird der Bodenwert im Vergleichswertverfahren ermittelt. Hier wird grundsätzlich der Bodenwert eines vergleichbaren Bodenwertes angesetzt. Bestehen durch die Bebauung Abweichungen dazu, sind etwaige Korrekturen vorzunehmen.

Die Nutzungsdauer des Bodens ist unbeschränkt und die des Gebäudes ist auf die Lebensdauer beschränkt. Aus diesem Grund wird die Verzinsung in zwei Teile geteilt.

Im allgemeinen Ertragswertverfahren gibt es die Verzinsung des Bodenwertes und die Verzinsung der baulichen Anlage. Im einfachen Ertragswertverfahren wird auf die Trennung von Boden und baulicher Anlage verzichtet.[60]

Grundlage des Verfahrens sind die jährlich erwirtschafteten Erträge, die Roherträge. Davon werden die nicht auf den Mieter umlegbaren Bewirtschaftungskosten abgezogen, was dann zum Reinertrag der Liegenschaft führt.

Eine Übersicht des Ertragswertverfahrens ist in Abbildung 5-5 zu sehen.

---

[60] Vgl. BIENERT, S.: Ertragswertverfahren. In: Immobilienbewertung Österreich. S. 330ff.

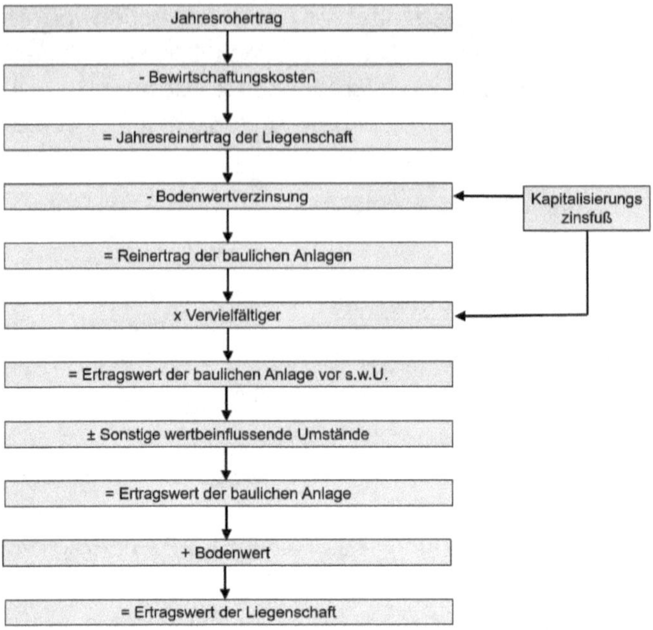

Abbildung 5-5: Ertragswertverfahren[61]

5.3.1 Jahresrohertrag

Der Jahresrohertrag ergibt sich aus allen nachhaltig erwirtschafteten Einnahmen bei ordnungsgemäßer Bewirtschaftung. Zu berücksichtigen ist hierbei das aktuelle Marktniveau und die derzeitigen Erträge aufgrund vertraglicher Vereinbarungen und den gesetzlichen Bestimmungen. Die Einnahmen verstehen sich immer ohne die Umsatzsteuer.

Die Einnahmen durch die Betriebskosten sind nicht zu den Erträgen zu zählen, da es sich um einen Durchlaufposten handelt und keine Einnahme, die durch die Nutzung der baulichen Anlage entsteht.

---

[61] In Anlehnung an BIENERT, S.: Ertragswertverfahren. In: Immobilienbewertung Österreich. S. 332

Im Rohertrag sind die nicht umlagefähigen Bewirtschaftungskosten enthalten. Dazu zählen Kosten für die Instandhaltung, Mietausfallswagnis, bestandsbedingte Steuern und Betriebs- und Verwaltungskosten sofern sie nicht auf den Mieter umlegbar sind.[62]

Wenn die Bewirtschaftungskosten sehr niedrig sind, dadurch, dass z.B. die Instandhaltung vernachlässigt wird oder sehr viel in Eigenleistung passiert, ist trotzdem ein entsprechender Rohertrag anzusetzen. Es wird eine ordnungsgemäße Bewirtschaftung vorausgesetzt.[63]

Die nachhaltig erwirtschafteten Erträge werden aus den Mieteinnahmen von Vergleichsobjekten ermittelt, da sie dem Marktmietniveau entsprechen. Voraussetzung dafür, ist das Wissen über Einnahmen von vergleichbaren Objekten hinsichtlich Größe, Lage, Qualität, Ausstattung, Baualter etc. Da es jedoch schwierig ist, an solche Daten zu kommen, gibt es die Möglichkeit über Mietpreisspiegel oder Auskünfte von Realitätenbüros an Vergleichsmieten zu kommen.

Wenn die tatsächlichen Einnahmen den marktüblichen entsprechen, können diese als Rohertrag angesetzt werden. Ist dies nicht der Fall, wird dies extra berücksichtigt. Der Eigentümer hat einen Mehrwert (Overrented Situation) oder einen Minderwert (Underrented Situation) im Vergleich zur marktüblichen Miete. Die Differenz wird über die entsprechende Restlebensdauer diskontiert und fließt unter den sonstigen wertbeeinflussenden Umständen in die Wertermittlung ein.[64]

In dem Fall, dass Räume leer stehen, selbst genutzt oder aus diversen Gründen verbilligt oder überteuer vermietet werden, ist auch dafür die nachhaltig erzielbare Miete anzusetzen.[65]

---

[62]Vgl. KRANEWITTER, H.: Liegenschaftsbewertung, 6.Auflage. S. 88

[63]Vgl. SOMMER, G.; KRÖLL, R.: Lehrbuch zur Immobilienbewertung, 4.Auflage. S. 200

[64]Vgl. BIENERT, S.: Ertragswertverfahren. In: Immobilienbewertung Österreich. S. 338ff.

[65]Vgl. BIENERT, S.: Ertragswertverfahren. In: Immobilienbewertung Österreich. S. 340

5.3.2 Bewirtschaftungskosten

Bewirtschaftungskosten sind regelmäßig anfallende Kosten, die durch die Bewirtschaftung entstehen und nicht auf den Mieter umwälzbar sind. Die Kosten sind vom Vermieter bzw. Eigentümer zu tragen und setzen sich zusammen aus:

- Mietausfallswagnis
- Verwaltungskosten
- Instandhaltungskosten
- (nicht umlagefähige) Betriebskosten

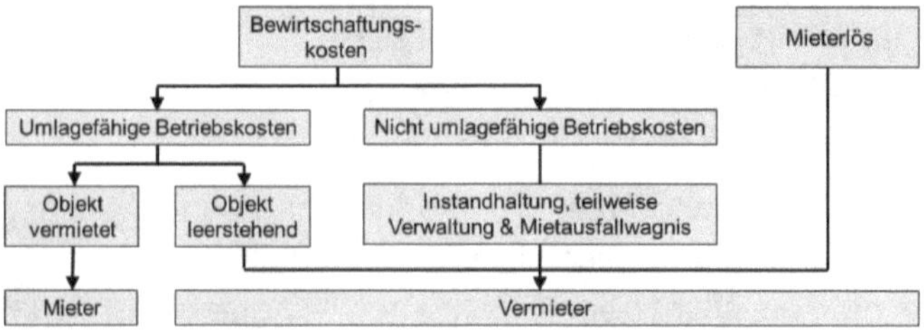

Abbildung 5-6: Kostenträger Bewirtschaftungskosten[66]

Wie in Abbildung 5-6 zu sehen ist, teilen sich die Bewirtschaftungskosten auf Mieter und Vermieter auf.

Die umlagefähigen Betriebskosten sind grundsätzlich auf den Mieter übertragbar. In dem Fall, dass das Objekt nicht vermietet ist und leer steht, ergeben sich trotzdem laufende Betriebskosten, welche dann vom Vermieter zu tragen sind.

Die nicht umlagefähigen Betriebskosten, welche sich aus den bereits zuvor erwähnten Instandhaltungs-, Verwaltungskosten und Mietausfallwagnis zusammensetzen sind ausschließlich vom Vermieter zu tragen.

[66] In Anlehnung an BIENERT, S.: Ertragswertverfahren. In: Immobilienbewertung Österreich. S. 324

Die Abschreibung des Objektes zählt nicht zu den Bewirtschaftungskosten. Sie wird mittels des Vervielfältigers über die Lebensdauer bei der Kapitalisierung berücksichtigt. Die Abschreibung beschreibt den Wertverlust des Objektes aufgrund der Alterung. Am Ende der Lebensdauer ist das Objekt vollständig abgeschrieben.[67]

Das Mietausfallswagnis deckt das Risiko der Ertragsminderung durch Pacht- oder Mietrückständen oder dem Leerstand, zwischen zwei Mietern. Außerdem deckt es die Kosten für etwaige rechtliche Auseinandersetzungen.

Das Mietausfallswagnis ist stark abhängig von den Mietern. Grundsätzlich ist das Risiko von Leerstand höher bei gewerblichen Objekten, da es schwieriger ist einen Mieter zu finden.[68] *Bienert* gibt an, dass bei Wohnimmobilien ca. 2 % und bei Gewerbeimmobilien 4 % des Jahresrohertrags anzusetzen sind. Die Obergrenze liegt bei 8 % des Jahresrohertrags.[69]

Die Verwaltungskosten sind jene Kosten, die durch die Verwaltung der Liegenschaft entstehen u.A. in Form von Personalkosten. Bei wohnwirtschaftlicher Nutzung sind die Verwaltungskosten generell höher als bei gewerblicher Nutzung. In Anwendung der MRG-Regelung gem. §22 MRG i.V.m. §15A (3) Z 1 MRG sind die Verwaltungskosten bis 2,91 €/m² p.a. dem Mieter überwälzbar. Nur die darüber liegenden Kosten sind bei den Verwaltungskosten anzusetzen.[70]

Bienert gibt an, dass die Verwaltungskosten ca. 3 bis 5 % des Jahresrohertrags betragen.[71]

---

[67]Vgl. BIENERT, S.: Ertragswertverfahren. In: Immobilienbewertung Österreich. S. 342

[68]Vgl. KRANEWITTER, H.: Liegenschaftsbewertung, 6.Auflage. S. 91

[69]Vgl. BIENERT, S.: Ertragswertverfahren. In: Immobilienbewertung Österreich. S. 351

[70]Vgl. BIENERT, S.: Ertragswertverfahren. In: Immobilienbewertung Österreich. S. 350

[71]Vgl. BIENERT, S.: Ertragswertverfahren. In: Immobilienbewertung Österreich. S. 350

Die Instandhaltungskosten sind die Kosten, um das Objekt in ordnungsgemäßen Zustand zu halten und eine langfristige Vermietbarkeit zu gewährleisten. Die Instandhaltung umfasst sämtliche Maßnahmen um den Soll-Zustand des Gebäudes zu erhalten.

Dazu zählen die Wartung, Inspektion und Instandsetzung. Die Wartung ist eine vorbeugende Maßnahme, um den Zustand zu erhalten. Die Inspektion dient zur Aufnahme des Ist-Zustandes. Die Instandsetzung ist notwendig, um den gewünschten Soll-Zustand wiederherzustellen.[72]

Kranewitter gibt für die jährlichen Instandhaltungskosten ca. 0,5 % bei neuen Wohnbauten und bis zu 2 % der Herstellungskosten bei sehr alten Objekten unter Denkmalschutz an.[73]

Die Betriebskosten sind laufende Kosten, die durch die Nutzung des Objektes entstehen. Grundsätzlich werden diese Kosten an den Nutzer weiterverrechnet oder diese haben eigene Verträge mit z.B. Energielieferanten.

In manchen Fällen sind die Betriebskosten jedoch nicht auf den Mieter umlagefähig und müssen vom Vermieter getragen werden. Das wäre der Fall bei Leerstand, suboptimaler Vertragsgestaltung oder aufgrund von gesetzlichen Regelungen.[74]

5.3.3 Kapitalisierungszinsfuß

Der Kapitalisierungszinsfuß oder auch kurz als Zinssatz bezeichnet, gibt Auskunft über die Rendite, die ein Investor aus dem eingesetzten Kapital zu erwarten hat. Die Höhe des Zinssatzes ist von besonderer Bedeutung. Je kleiner der Zinssatz, desto größer der Vervielfältiger (näheres zum Vervielfältiger im Abschnitt 5.3.5) und der Wert der baulichen Anlage. Im Umkehrschluss je höher der Zinssatz, desto

---

[72] Vgl. BIENERT, S.: Ertragswertverfahren. In: Immobilienbewertung Österreich. S. 347

[73] Vgl. KRANEWITTER, H.: Liegenschaftsbewertung, 6.Auflage. S. 91

[74] Vgl. BIENERT, S.: Ertragswertverfahren. In: Immobilienbewertung Österreich. S. 345ff.

kleiner der Vervielfältiger und der Wert der baulichen Anlage. Bei geringer werdender Restnutzungsdauer nimmt jedoch der Einfluss des Zinssatzes ab.

Der Zinssatz bildet das Risiko der Wertanlage ab, wie auch bei anderen Kapitalanlageformen. Ist das Risiko der Anlage gering, ist der Zinssatz niedrig. Ist das Risiko hoch, folgt eine hohe Verzinsung.[75]

Das Risiko einer Immobilie lässt sich auf objekt- und marktbezogene Faktoren zurückführen. Einfluss auf den Zinssatz haben folgende Kriterien – die Aufzählung ist nur demonstrativ.

Objektbezogene Faktoren:

- Nutzungsart
- Baujahr und Zustand
- Wertstabilität
- Lage des Objektes

Marktbezogene Faktoren:

- Verhältnisse am örtlichen Grundstücksmarkt
- Allg. Wirtschaftslage und Inflation
- Demografische Entwicklung
- Entwicklung von alternativen Verzinsungen am Kapitalmarkt[76]

Durch den Zinseszinseffekt in der dynamischen Investitionsrechnung wird ein großer Hebel durch den Zinssatz erzeugt. Dadurch haben bereits kleine Änderungen des Zinssatzes, große Auswirkungen auf das Ergebnis.

[75]Vgl. KRANEWITTER, H.: Liegenschaftsbewertung, 6.Auflage. S. 94

[76]Vgl. BIENERT, S.: Ertragswertverfahren. In: Immobilienbewertung Österreich. S. 360

Der Gesetzgeber hat den großen Einfluss des Kapitalisierungszinsfußes erkannt und verlangt von dem Gutachter die Wahl des Zinssatzes ausführlich zu begründen.[77]

Um einen geeigneten Kapitalisierungszinsfuß zu finden, gibt es vom Hauptverband der allgemein beeideten und gerichtlich zertifizierten Sachverständigen eine jährliche Empfehlung des Kapitalisierungszinsfußes angepasst an die geänderten Umstände. Die Empfehlung gliedert sich in Objekttypen und Lagekriterien – siehe dazu Tabelle 5-2.

LIEGENSCHAFTSART	LAGE			
	hochwertig	sehr gut	gut	mäßig
Wohnliegenschaft	1,0 - 3,0 %	2,0 - 4,0 %	3,0 - 5,0 %	3,5 - 5,5 %
Büroliegenschaft	3,0 - 5,5 %	4,0 - 6,0 %	4,5 - 6,5 %	5,0 - 7,0 %
Geschäftsliegenschaft	4,0 - 6,0 %	4,5 - 6,5 %	5,0 - 7,0 %	5,5 - 7,5 %
Einkaufszentrum, Supermarkt	4,5 - 7,5 %	5,0 - 8,0 %	5,5 - 8,5 %	6,0 - 9,0 %
Gewerblich genutzte Liegenschaft	5,0 - 8,0 %	5,5 - 8,5 %	6,0 - 9,0 %	6,5 - 9,5 %
Industrieliegenschaft	5,0 - 9,0 %	5,5 - 9,5 %	6,0 - 10,0 %	6,5 - 10,5 %
Landwirtschaftliche Liegenschaften	1,5 % bis 3,5 %			
Forstwirtschaftliche Liegenschaften	1,0 % bis 3,0 %			

Tabelle 5-2: Empfehlung Kapitalisierungszinssätze 2018[78]

Bei der Betrachtung von Wohnliegenschaften entspricht eine hochwertige Lage, einer Lage in der Nähe von größeren Städten mit guter Anbindung und Nähe zum öffentlichen Verkehr. Es zählen auch Wohnlagen in landschaftlich attraktiven Fremdenverkehrsregionen dazu.

Eine sehr gute Lage befindet sich in mittlerer Entfernung von Groß-, Mittel- oder Kleinstädten mit mittlerer Entfernung zum öffentlichen Verkehr. Die Verkehrsbelastung sollte gering sein.

---

[77] Vgl. BIENERT, S.: Ertragswertverfahren. In: Immobilienbewertung Österreich. S. 352

[78] In Anlehnung an HAUPTVERBAND DER ALLGEMEIN BEEIDETEN UND GERICHTLICH ZERTIFIZIERTEN SACHVERSTÄNDIGEN ÖSTERREICHS: Empfehlung der Kapitalisierungszinssätze für Liegenschaftsbewertungen 2018. In: Sachverständige, 2/2018. S. 83

Gute Lagen können schon eine höhere Verkehrsbelastung haben. Dazu zählen auch weniger gute bzw. weniger schöne Lagen in größerer Entfernung zu Mittel- oder Kleinstädten und mittleren Entfernung zum öffentlichen Verkehr.

Eine mäßige Lage entspricht Wohnanlagen in nicht ansprechender Lage mit größerer Entfernung zum öffentlichen Verkehr, Einkaufsmöglichkeiten, Schulen, Ärzte etc.[79]

5.3.4Bodenwertverzinsung

Der Reinertrag setzt sich aus dem Ertrag für Boden und den Ertrag der baulichen Anlage zusammen. Der Boden ist unbegrenzt nutzbar und die Erträge sind unbegrenzt jährlich wiederkehrend. Deswegen kann der Bodenertrag als ewige Rente kapitalisiert werden. Der Kapitalisierungszinssatz ist derselbe wie bei der baulichen Anlage.

Um den Reinertrag der baulichen Anlage zu erhalten, ist der Ertrag des Bodens zu subtrahieren.

Die Bodenwertverzinsung wird lt. Glg. 1 ermittelt.

$$BW_V = BW \cdot \frac{p}{100} \qquad (1)$$

BW_V = Bodenwertverzinsungsbetrag

BW = Bodenwert

p = Kapitalisierungszinssatz

5.3.5Vervielfältiger

Der Reinertrag der baulichen Anlage entspricht dem jährlichen Betrag einer zeitlich begrenzten Rente. Wird der Reinertragswert mit dem Vervielfältiger multipliziert, ergibt sich der Ertragswert der baulichen Anlage. Der Vervielfältiger ist somit der Multiplikator für die jährlichen

[79]Vgl. KRANEWITTER, H.: Liegenschaftsbewertung, 6.Auflage. S. 98ff.

Reinertragswerte der baulichen Anlage. Einfluss auf den Vervielfältiger haben der Kapitalisierungszinssatz und die wirtschaftliche Restnutzungsdauer.

Der Vervielfältiger wird lt. Glg. 2 ermittelt.

$$V = \frac{q^n - 1}{q^n \cdot (q - 1)} \qquad (2)$$

Mit: q = 1 + i

V = Vervielfältiger

n = Anzahl der Jahre

p = Kapitalisierungszinssatz

i = p / 100

Die Restnutzungsdauer ist die Anzahl der Jahre, die die bauliche Anlage noch bei ordentlicher und sachgemäßer Bewirtschaftung wirtschaftlich genutzt werden kann. Die Restnutzungsdauer ist die Nutzungsdauer abzüglich des Alters der baulichen Anlage.[80]

Bei sehr hohen Restnutzungsdauern hat der Bodenwert nur mehr einen geringen Anteil an dem Ertragswert und der gesamte Reinertrag kann als ewige Rente gerechnet werden. Es wird hier auf die Trennung von Bodenwert und baulicher Anlage verzichtet. Somit wäre das vereinfachte Ertragswertverfahren ausreichend.[81]

5.3.6Sonstige wertbeeinflussende Umstände

Wenn Umstände, die den Wert beeinflussen, nicht bereits in den vorherigen Schritten berücksichtigt wurden, sind sie nun hier in Form von Zu- oder Abschlägen zu berücksichtigen. Es gelten die gleichen Umstände wie im Sachwertverfahren in Abschnitt 5.2.6.

---

[80]Vgl. BIENERT, S.: Ertragswertverfahren. In: Immobilienbewertung Österreich. S. 370

[81]Vgl. BIENERT, S.: Ertragswertverfahren. In: Immobilienbewertung Österreich. S. 371

5.3.7 Ertragswert der Liegenschaft

Der Ertragswert der Liegenschaft entspricht meist bereits dem Verkehrswert und es müssen keine Anpassungen mehr an die aktuelle Marktsituation vorgenommen werden. In die Berechnung sind bereits die üblichen Vergleichsmieten berücksichtigt worden, welche die aktuelle Marktlage sehr gut abbilden. Durch die Wahl des entsprechenden Kapitalisierungszinssatzes ist auch bereits die zukünftige Entwicklung in die Ermittlung miteingeflossen.

5.4 Discounted-Cash-Flow-Verfahren

Das Discounted-Cash-Flow-Verfahren (DCF-Verfahren) zählt auch zu den ertragsorientierten Bewertungsverfahren. Es ist im LBG nicht explizit erwähnt, dass dieses Verfahren zur Bewertung angewendet werden kann. Jedoch entspricht es dem Stand der Wissenschaft und ist in der ÖNORM B 1802-Liegenschaftsbewertung Teil 2: Discounted-Cash-Flow-Verfahren (DCF-Verfahren) normiert. Dadurch existiert auch in Österreich eine Anwendungsgrundlage.[82]

Das Verfahren wird bereits lange in der Unternehmensbewertung angewendet und hat besondere Vorteile, wenn heterogene Zahlungsströme vorhanden sind, da diese periodengerecht abgebildet werden können.

Das Verfahren bietet auch Flexibilität hinsichtlich der gesuchten Zielgröße. Wenn der Kaufpreis vorgegeben ist, kann z.B. die interne Verzinsung ermittelt werden.[83]

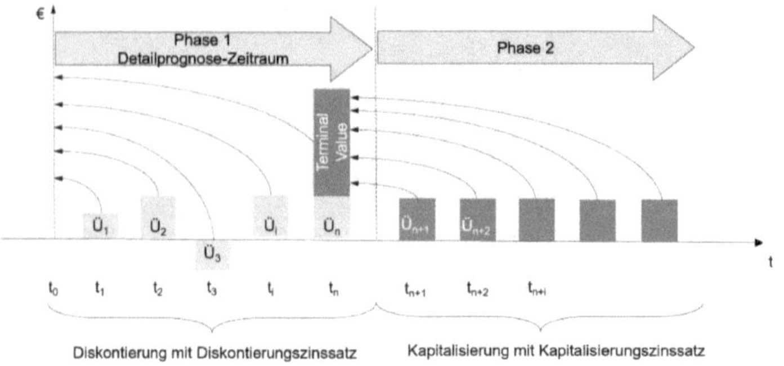

Abbildung 5-7: DCF-Verfahren[84]

---

[82] Vgl. KRANEWITTER, H.: Liegenschaftsbewertung, 6.Auflage. S. 111

[83] Vgl. BIENERT, S.; REINBERG, M.: Verwendete Bewertungsverfahren. In: Immobilienbewertung Österreich. S. 495

[84] In Anlehnung an KRANEWITTER, H.: Liegenschaftsbewertung, 6.Auflage. S. 111

Wie in Abbildung 5-7 zu sehen ist, unterteilt sich das Verfahren in Phase eins – auch Detailprognose-Zeitraum oder „Holding Period“ genannt – und in Phase zwei.

In dem Detailprognose-Zeitraum werden die Ein- und Auszahlungen je Periode betrachtet und ergeben den Cash-Flow jener Periode (genaueres in Abschnitt 5.4.1). Die einzelnen Cash-Flows werden anschließend auf den Bewertungsstichtag diskontiert (näheres zum Diskontierungszinssatz in Abschnitt 5.4.2).[85]

Meistens beträgt der Detailbetrachtungs-Zeitraum acht bis 15 Jahre, bei Projekten die noch in der Entwicklung sind drei bis vier Jahre. Mit zunehmenden Blick in die Zukunft werden die Prognosen der Eingangsdaten immer unsicherer und die Verlängerung des Detailbetrachtungs-Zeitraums bringt keine zunehmende Genauigkeit.

Der Grund für die Trennung in zwei Phasen liegt in der veränderten Investmentmentalität. Der Gedanke von einer Kaufen und Halten Philosophie, wurde in den 90er Jahren von einem aktiven Portfoliomanagement abgelöst.[86]

Am Ende des Detailbetrachtungs-Zeitraums wird ein fiktiver Verkaufswert ermittelt, auch Terminal Value genannt.

Der Terminal Value ergibt sich aus dem durchschnittlichen Cash-Flow am Ende des Detailbetrachtungs-Zeitraums, welcher über die restliche Nutzungsdauer mittels vereinfachten Ertragswertverfahren und dem entsprechenden Kapitalisierungszinssatz kapitalisiert wird. Der Terminal Value wird anschließend auf den Bewertungsstichtag diskontiert.

Der Verkehrswert ergibt sich aus dem diskontierten Terminal Value und den Barwerten der Phase eins. Der Bodenwert ist nicht extra zu berücksichtigen.[87]

---

[85] Vgl. BIENERT, S.; REINBERG, M.: Verwendete Bewertungsverfahren. In: Immobilienbewertung Österreich. S. 493

[86] Vgl. BIENERT, S.; REINBERG, M.: Verwendete Bewertungsverfahren. In: Immobilienbewertung Österreich. S. 498

[87] Vgl. KRANEWITTER, H.: Liegenschaftsbewertung, 6.Auflage. S. 112

5.4.1 Cash-Flow

Die Ein- und Auszahlungen sind von den Steuern, Zinsen und Sonstiges zu trennen. Sie lassen sich in periodische, die in gleicher Höhe immer wiederkehren und in aperiodische Zahlungen unterscheiden.

Analog zum Ertragswertverfahren in Abschnitt 5.3 ergibt sich der Cash-Flow aus dem Rohertrag abzüglich der Bewirtschaftungskosten, welche sich aus den Mietausfallswagnis, Instandhaltungskosten, Verwaltungskosten und den nicht umlagefähigen Betriebskosten zusammensetzen.

Der Vorteil des DCF-Verfahrens liegt in der Abbildung von Diskontinuitäten im Detailbetrachtungs-Zeitraum. Somit fließen beispielsweise Mietpreiseinbrüche, hohe Leerstände und allgemein veränderte Rahmenbedingungen explizit in die Zahlungsflüsse ein.

Weiters kann die Auswirkung einer Modernisierung durch ihre entstehenden Kosten und den dadurch möglichen höheren Einnahmen getestet werden.[88]

5.4.2 Zinssätze

Beim DCF-Verfahren werden ein Diskontierungs- und ein Kapitalisierungszinssatz benötigt. Möglich wäre auch in dem Detailbetrachtungs-Zeitraum jedes Jahr mit einem eigenen Diskontierungszinssatz zu bewerten, diese Vorgehensweise ist jedoch nicht üblich und bringt auch keinen großen Mehrwert.

Der Zinssatz wird beim DCF-Verfahren häufig aus dem Kapitalmarkt hergeleitet und nicht aus dem Immobilienmarkt. Auf die Herleitung des Zinssatzes wird hier nicht näher eingegangen.

In dem Detailbetrachtungs-Zeitraum finden die Wertsteigerung und Inflation in den einzelnen Cash-Flows Berücksichtigung und werden im Diskontierungszinssatz nicht berücksichtigt.

---

[88] Vgl. BIENERT, S.; REINBERG, M.: Verwendete Bewertungsverfahren. In: Immobilienbewertung Österreich. S. 497

Bei der Ermittlung des Terminal Value kommt der Kapitalisierungszinssatz zur Anwendung. Der letzte durchschnittliche Cash-Flow wird als ewige Rente kapitalisiert. In dem Zinssatz müssen die zukünftigen Marktveränderungen und die Inflation impliziert sein. Durch die zunehmende Prognoseunsicherheit, je weiter die Zahlungen in der Zukunft liegen, werden dafür höhere Zinssätze angesetzt. Dadurch ergibt sich ein Unterschied zum Diskontierungszinssatz.

Der Kapitalisierungszinssatz ist aus diesen Gründen meistens höher als der Diskontierungszinssatz.[89]

[89] Vgl. BIENERT, S.; REINBERG, M.: Verwendete Bewertungsverfahren. In: Immobilienbewertung Österreich. S. 499

5.5 Residualwertverfahren

Das Residualwertverfahren ist ein international anerkanntes Bewertungsverfahren, ist jedoch nicht im LBG geregelt. Daher ist die Anwendung des Verfahrens vom Gutachter gemäß §7 LBG zu begründen. Seit 2014 ist das Residualwertverfahren Bestandteil der ÖNORM B 1802.[90]

Hauptanwendung findet das Verfahren bei unbebauten oder bebauten Liegenschaften, bei denen eine Umnutzung bevorsteht. Eine Umnutzung besteht am Ende der wirtschaftlichen Nutzungsdauer, wenn eine bauliche Anlage abgerissen und etwas Neues gebaut werden soll. Ein weiterer Anwendungsfall ist bei einem leeren Grundstück auf dem ein neues Projekt entsteht.[91]

Außer zur Ermittlung des Marktwertes wird das Verfahren zur Beurteilung der Wirtschaftlichkeit von Projektentwicklungen angewendet. Dort ist das Residualwertverfahren ein Teil der Machbarkeitsstudie (Feasability Study).[92]

Wie in Abbildung 5-8 ersichtlich, gibt es zwei gängige Varianten des Residualwertverfahrens. In der Variante A wird der Gewinn mit den Kosten in Abzug gebracht. Daraus ergibt sich das Residuum als maximaler Betrag für den Grundstückskauf. Oder wie in Variante B sind die Kosten des Grundstücks bekannt und gesucht ist der Gewinn des Projektentwicklers.

---

[90] Vgl. ÖSTERREICHISCHES NORMUNGSINSTITUT: ÖNORM B 1802-3:2014 08 01 - Liegenschaftsbewertung Teil 3: Residualwertverfahren. ÖNORM. S. 3

[91] Vgl. BIENERT, S.; STEIXNER, D.: Residualwertverfahren. In: Immobilienbewertung Österreich. S. 387

[92] Vgl. ÖSTERREICHISCHES NORMUNGSINSTITUT: ÖNORM B 1802-3:2014 08 01 - Liegenschaftsbewertung Teil 3: Residualwertverfahren. ÖNORM. S. 3

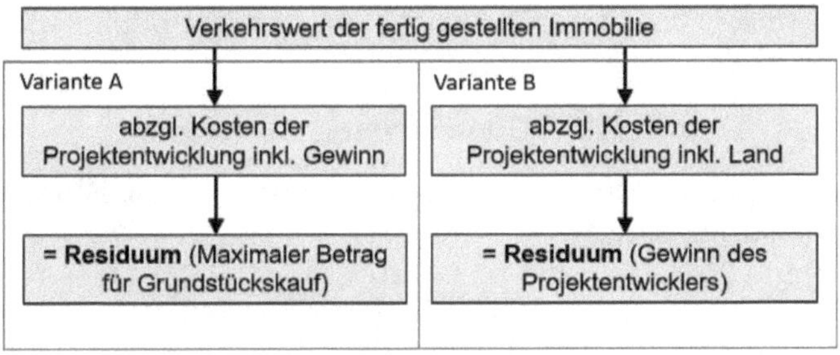

Abbildung 5-8: Residualwertverfahren[93]

Im Falle einer Projektentwicklung handelt es sich bei dem Verkehrswert um einen fiktiven Wert, der sich bei Veräußerung ergibt. Zur Ermittlung des Verkehrswertes bieten sich die klassischen Wertermittlungsverfahren an.

Sind genug Vergleichsobjekte, mit genügend vergleichbaren Kriterien vorhanden, bietet sich das Vergleichswertverfahren an (siehe dazu Abschnitt 5.1).

In dem Fall, dass es sich um ein Ertragsobjekt handelt, bietet sich das Ertragswertverfahren an (siehe dazu Abschnitt 5.3). Durch den Umstand, dass sich das Objekt noch in Entwicklung befindet, ist die Anwendung des vereinfachten Ertragswertverfahrens ausreichend. Durch die lange Nutzungsdauer ist der Bodenwertanteil zu vernachlässigen. Als zusätzliche Vereinfachung kann der fiktive Reinertrag als ewige Rente kapitalisiert werden, da der Barwert der Zeitrente der baulichen Anlage annähernd dem Barwert der ewigen Rente entspricht.[94]

Vom fiktiven Verkaufswert werden anschließend die Gesamtinvestitionskosten oder Entwicklungskosten abgezogen. Diese enthalten entweder bereits einen Anteil für Gewinn (Variante A) oder einen Anteil für den Grund (Variante B). Die Kosten können auf Basis der ÖNORM

---

[93] In Anlehnung an BIENERT, S.; STEIXNER, D.: Residualwertverfahren. In: Immobilienbewertung Österreich. S. 389

[94] Vgl. BIENERT, S.; STEIXNER, D.: Residualwertverfahren. In: Immobilienbewertung Österreich. S. 390

B 1801-1:2015 ermittelt werden.[95] Die Kostenpositionen ergeben sich aus folgenden Teilen:

- Grunderwerb einschließlich Grunderwerbsnebenkosten
- Grundstücksaufbereitung und Aufschließung (Erschließung, Dekontaminierung, Freilegung/Abbruch vorhandener Bausubstanzen u. dgl.)
- Bauwerk: Rohbau, Technik, Ausbau
- Außenanlagen
- Baunebenkosten (Honorare, Projektmanagement u. dgl.)
- (Zwischen-)Finanzierung der Baumaßnahmen
- Reserven für Unvorhergesehenes
- Vermarktung des fertigen Projekts
- Entwicklungsgewinn des Projektentwicklers[96]

Der Entwicklungsgewinn beträgt für gewöhnlich zwischen 10 % und 20 % des fiktiven Verkaufserlöses.

Nach Abzug der Gesamtinvestitionskosten vom fiktiven Verkaufserlös ergibt sich das gesuchte Residuum.

Das Verfahren ist sehr logisch, einfach und besonders bei speziellen Fällen der Wertermittlung von Vorteil. Wenn jedoch ein klassisches Bewertungsverfahren eingesetzt werden kann, ist dieses zu bevorzugen. Dadurch, dass dem fiktiven Verkaufserlös die gesamten Herstellungskosten gegenübergestellt werden, ist das Ergebnis mit sehr großen Unsicherheiten behaftet. Schon geringe Änderungen in den Annahmen, ergeben große Änderungen beim Residuum. Daher benötigt

---

[95]Vgl. BIENERT, S.; STEIXNER, D.: Residualwertverfahren. In: Immobilienbewertung Österreich. S. 390

[96]Vgl. ÖSTERREICHISCHES NORMUNGSINSTITUT: ÖNORM B 1802-3:2014 08 01 - Liegenschaftsbewertung Teil 3: Residualwertverfahren. ÖNORM. S. 9ff.

es sehr viel Erfahrung mit den Einflussparametern, um ein realistisches Ergebnis zu bekommen.[97]

[97]Vgl. BIENERT, S.; STEIXNER, D.: Residualwertverfahren. In: Immobilienbewertung Österreich. S. 395

6 Due Diligence/Liegenschaftsbewertung

Bei Immobilieninvestitionen entstehen mitunter hohe Transaktionskosten und Kapital wird sehr lange gebunden. Um möglichst gewinnbringend zu investieren, sollten vor der Transaktion sämtliche Chancen und Risiken durchleuchtet werden, um sicher zu gehen, dass die Erwartungen erfüllt werden.[98]

Bei der gängigen Praxis der Liegenschaftsbewertung wird die Immobilie rein aus monetärer Sicht betrachtet. Der Verkehrswert der Liegenschaft wird meist durch das Vergleichswert-, Sachwert- oder Ertragswertverfahren ermittelt. Dies ist bei einem Kauf eines Einfamilienhauses ausreichend, jedoch bei größeren Investitionen und Käufen als Anlage eine sehr beschränkte Prüfung. Die Ermittlung des Wertes erfolgt zum gegebenen Zeitpunkt. Entwicklungen in der Zukunft des Standortes oder des Marktes werden wenig bis gar nicht berücksichtigt. Auch sonstige Chancen und Risiken, die durch den Kauf für den Käufer entstehen, werden nicht aufgedeckt. Die Bewertung ist rein finanzieller Natur.

Bei der, in der Unternehmensakquisition bereits seit Jahren verwendeten Due Diligence werden neben der Prüfung der Richtigkeit des Verkehrswertes auch Chancen und Risiken, die durch den Kauf entstehen, aufgedeckt.

In den letzten Jahren wurde vermehrt auch im Bereich der Immobilien die Due Diligence angewendet. Hier spricht man von der Due Diligence Real Estate (Due Diligence einer Immobilie). Wie in Abbildung 6-1 zu sehen ist, setzt sich die Due Diligence Real Estate aus mehreren Teilen zusammen (näheres dazu in Abschnitt 6.1).

---

[98] Vgl. ARNDT, J.-K.: Due Diligence Real Estate. S. 9

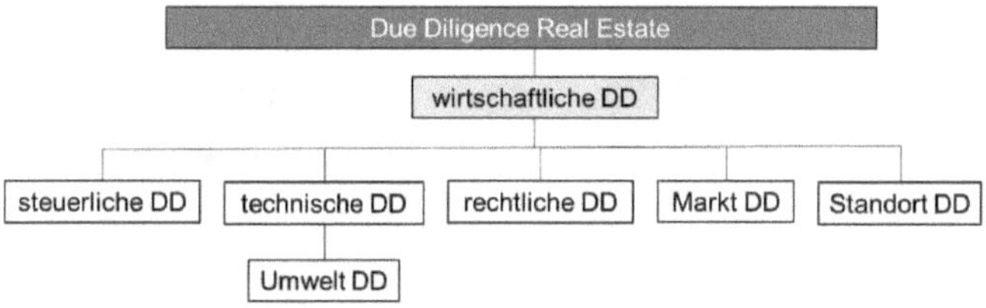

Abbildung 6-1: Due Diligence Real Estate

Bei den Auftraggebern einer DD kommen sowohl Käufer, als auch Verkäufer einer Immobilie in Frage (näheres dazu in Abschnitt 6.2).

6.1 Wirtschaftliche Due Diligence

In der obersten Ebene befindet sich die wirtschaftliche Due Diligence. In ihr fließen die Ergebnisse der anderen Due Diligence Prüfungen zusammen und werden hinsichtlich wirtschaftlicher Überlegungen bewertet.

Es werden alle Vermögens-, Finanz- und Ertragsvorgänge durchleuchtet. Dies geschieht durch eine Gegenüberstellung der Zahlungsströme aus den Daten der Vergangenheit, um eine Prognose für die zukünftigen Einnahmen zu erstellen.[99]

Ein entscheidendes Kriterium für die Wirtschaftlichkeit ist die Bonität der Mieter, die Leerstandsrate und welche zukünftigen Investitionen zu tätigen sind.[100]

Der Verkehrswert wird wie auch in der Liegenschaftsbewertung mit den gängigen Methoden der Wertermittlung erhoben.

---

[99] Vgl. ARNDT, J.-K.: Due Diligence Real Estate. S. 65

[100] Vgl. ARNDT, J.-K.: Due Diligence Real Estate. S. 64

6.1.1 Steuerliche Due Diligence

Bei der steuerlichen DD werden die steuerlichen Verhältnisse eines Unternehmens ermittelt und überprüft. Diese Informationen schaffen die Grundlage für die Gestaltung der Akquisition.[101]

Zu unterscheiden ist zwischen einem Asset Deal und einem Share Deal, da diese sowohl steuer- als auch sozialversicherungsrechtlich anders zu behandeln sind. Dadurch müssen nicht bei jeder Transaktion dieselben Steuern geprüft werden.[102]

Bei dem direkten Erwerb einer Liegenschaft durch einen Asset Deal fallen Grunderwerbssteuer und eine Grundbucheintragungsgebühr an. Ob die Liegenschaft umsatzsteuerfrei zu behandeln ist, obliegt der Entscheidung des Verkäufers. Grundsätzlich ist ein Immobilienverkauf umsatzsteuerbefreit.[103]

Im Falle eines Share Deals erfolgt der Erwerb der Liegenschaft durch den Kauf von Anteilen an einer immobilienbesitzenden Gesellschaft. Diese kann entweder eine Kapital- oder eine Personengesellschaft sein.[104] Dadurch sind andere Aspekte wie z.B. Kommunalsteuer und Kapitalertragssteuer von größerer Bedeutung.[105]

---

[101] Vgl. FUHRMANN, K.; KERBL, G.: Die steuerliche Due Diligence. In: Immobilientransaktionen. S. 195

[102] Vgl. FUHRMANN, K.; KERBL, G.: Die steuerliche Due Diligence. In: Immobilientransaktionen. S. 199

[103] Vgl. FUHRMANN, K.; KERBL, G.: Die steuerliche Due Diligence. In: Immobilientransaktionen. S. 208

[104] Vgl. FUHRMANN, K.; KERBL, G.: Die steuerliche Due Diligence. In: Immobilientransaktionen. S. 217

[105] Vgl. STOEHR, E.; MATHEY, E.: Due Diligence Real Estate. Whitepaper. S. 84ff.

6.1.2Technische Due Diligence

In der technischen DD wird der bautechnische Zustand der Liegenschaft untersucht und bewertet. Die Bewertung erfolgt auf Grund vom Kunden gewünschten Kriterien, geltenden Gesetzen, Vorschriften und aktuellen Normen.

Für die technische Bewertung gibt es kein einheitliches Leistungsbild welche Kriterien geprüft werden müssen oder sollen. Dadurch sehen die Prüfungen von verschiedenen Anbietern auch unterschiedlich aus und haben unterschiedliche Schwerpunkte in ihren Berichten.

Die technische Überprüfung ist komplex und übergreift mehrere Fachdisziplinen wie z.B. Bautechnik, TGA, Brandschutz, Bauphysik. Das Ziel ist es mögliche Mängel zu erkennen, in einem Bericht festzuhalten und Vorschläge für Verbesserungen zu geben.[106]

Die Prüfung gliedert sich in eine formale und physische Prüfung. Die formale Prüfung findet im Büro statt. Sämtliche Pläne, Unterlagen und Genehmigungen die vom Eigentümer zur Verfügung gestellt werden, werden überprüft.

Die physische Prüfung findet vor Ort statt. Die vorab ermittelten Daten werden auf ihre Korrektheit überprüft. Das Grundstück, die Einbauten und die Bausubstanz werden auf ihren Zustand hin bewertet. [107] Aufgrund von begrenzter Zeit vor Ort hat sich in der Praxis als Faustformel ergeben mind. 10 % der Geschossflächen zu besichtigen. Dazu zählen auch Erd- und Dachgeschoss sowie die Technikflächen.[108]

---

[106] Vgl. HELBL, A. H.: Die technische und umwelttechnische Due Diligence. In: Handbuch Immobilientransaktion. S. 85

[107] Vgl. ARNDT, J.-K.: Due Diligence Real Estate. S. 39f.

[108] Vgl. REICH, S.: Technical Due Diligence. In: Real Estate Due Diligence. S. 165

6.1.3Umwelt Due Diligence

Die Umwelt Due Diligence befasst sich mit umweltrelevanten Themen. Ziel ist, das Identifizieren und Beurteilen von Risiken, die die Umwelt beeinflussen. Dazu gehören Altlasten auf dem Grundstück, vorhandene Kontaminationen, Schadstoffe in Bauteilen oder im Gebäude.[109]

Durch steigendes Umweltbewusstsein wird das Thema der Nachhaltigkeit immer wichtiger. Im Zuge der Untersuchung werden auch Kriterien überprüft, um eine Gebäudezertifizierung zu erreichen.[110]

Darunter fallen auch die Lebenszykluskosten eines Gebäudes. Der Fokus wandert von den Kosten zur Errichtung eines Bauwerkes auf den Betrieb während der gesamten Nutzungszeit bis zur Wiederverwertung.

6.1.4Rechtliche Due Diligence

Die rechtliche DD ist eine der wichtigsten bei der Entscheidung ob eine Investition getätigt werden soll oder nicht. Sie dient zur Aufdeckung von Chancen und Risiken aus eigentums- und verwaltungsrechtlichen Angelegenheiten und den zahlreichen anderen damit verbundenen Verträgen.[111]

Hier werden Rechte und Pflichten untersucht, die mit dem Kauf einer Immobilie übertragen werden. Im Grundbuch sind im Eigentumsblatt (B-Blatt) die Eigentümer mit ihren jeweiligen Anteilen gelistet und im Lastenblatt (C-Blatt) sind sämtliche Rechte und Beschränkungen betreffend des Grundstücks eingetragen.

Weiter sind die Verträge der Mieter und der Liegenschaftsbewirtschafter zu überprüfen.

---

[109] Vgl. HELBL, A. H.: Die technische und umwelttechnische Due Diligence. In: Handbuch Immobilientransaktion. S. 125

[110] Vgl. HELBL, A. H.: Die technische und umwelttechnische Due Diligence. In: Handbuch Immobilientransaktion. S. 125

[111] Vgl. ARNDT, J.-K.: Due Diligence Real Estate. S. 30ff.

6.1.5 Markt Due Diligence

Unter Markt DD versteht man die Analyse von Daten aus der Vergangenheit und Gegenwart, um die zukünftige Marktsituation bezüglich Angebot und Nachfrage einzuschätzen. Je weiter der Zeithorizont in die Zukunft reicht, desto unsicherer wird die Prognose der Entwicklung.

Sie gliedert sich in die quantitative und qualitative Marktanalyse. Die quantitative Untersuchung des Marktes beschäftigt sich hauptsächlich mit der Beurteilung von Angebot und Nachfrage nach Flächen und den Miet-/ Kaufpreisen. [112]

Die qualitative Untersuchung beschäftigt sich nicht mit der Menge an Fläche, sondern deren Qualität. Diese definiert sich über die Größe, Funktionalität und Ausstattung der Immobilien.[113]

6.1.6 Standort Due Diligence

Die Standort DD gibt Aussage darüber, ob die Lage mit der Nutzung übereinstimmt und den Vorstellungen des Käufers entspricht. Im Weiteren ist auch die mittel- bis langfristige Entwicklung des Standortes und die Nutzung von Bedeutung.[114]

Die Standort Due Diligence unterscheidet zwischen Makro- und Mikrolage.

Unter Makrolage versteht man das weitere Umfeld, das Land, die Stadt und welche Verkehrsknotenpunkte sich in der Region befinden. Die Mikrolage gibt Aussage über die nahe Nachbarschaft.

Weiter wird zwischen „harten“ und „weichen“ Faktoren unterschieden. „Harte“ Faktoren sind quantifizierbar (Wirtschaftsstruktur, Einkommen, Förderungen etc.). Die „weichen“ Faktoren sind subjektiv und

---

[112] Vgl. FISCHER, P.: Erstbeurteilung von Investitionsmöglichkeiten. In: Handbuch Immobilientransaktionen. S. 32

[113] Vgl. ARNDT, J.-K.: Due Diligence Real Estate. S. 61ff.

[114] Vgl. ARNDT, J.-K.: Due Diligence Real Estate. S. 59

schwer quantifizierbar (Image der Region, Prestige der Lage, soziale Infrastruktur etc.).[115]

6.2 Auftraggeber

Grundsätzlich existiert bei den meisten Geschäften zwischen zwei beteiligten Parteien ein unterschiedlicher Informationsstand über den Gegenstand des Geschäftes. Die eine Partei ist besser informiert als die andere, daraus ergibt sich eine Informationsasymmetrie.

Wie in Abbildung 6-2 zu sehen, besitzt der Nachfrager zu Beginn weniger Informationen. Der Anbieter kann dem Nachfrager Informationen bereitstellen, dabei spricht man von Wissensübertragung (Signaling) oder die Initiative geht vom Nachfrager aus, dann spricht man von Wissenserarbeitung (Screening).

Das Ziel ist es, die beiden Vertragsparteien auf den gleichen oder annähernd gleichen Informationstand zu bringen.

In manchen Fällen besteht die Möglichkeit, dass der Anbieter selbst nicht über die nötigen Informationen verfügt, um ein Objekt verkaufen zu können und veranlasst dadurch eine verkäuferseitige DD. Durch die Due Diligence erhält der Verkäufer ein besseres Wissen über sein Objekt, kennt seine Chancen und Risiken und kann die Informationen dem Nachfrager zur Verfügung stellen.

Damit der Nachfrager seinen Wissensnachteil abbauen oder die Informationen die der Anbieter zur Verfügung stellt verifizieren kann, unternimmt er eine käuferseitige DD. Nach der Due Diligence besitzt der Nachfrager denselben oder sogar besseren Informationstand über das Objekt und ist sich seinen Chancen und Risiken besser bewusst.

---

[115]Vgl. STOEHR, E.; MATHEY, E.: Due Diligence Real Estate. Whitepaper. S. 79

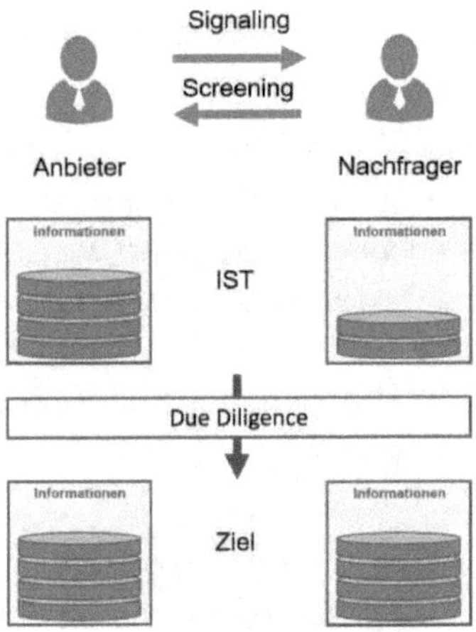

Abbildung 6-2: Informationsasymmetrie

6.3 Unterschied Liegenschaftsbewertung/Due Diligence

Der Unterschied zwischen einer Liegenschaftsbewertung und einer Due Diligence besteht in einigen Punkten.

Das Hauptziel der Liegenschaftsbewertung ist für ein Objekt einen an die Marktlage angepassten Verkehrswert zu ermitteln. Hierzu kommen je nach Umstand verschiedene Bewertungsverfahren in Frage. Zur Ermittlung des Verkehrswertes ist es natürlich notwendig, sich über das entsprechende Objekt zu informieren.

So ist es auch wichtig über etwaige Rechte und Pflichten am Grundstück in Kenntnis zu sein, um diese in die Wertermittlung einfließen zu lassen.

Weiters ist eine Ortsbesichtigung zu empfehlen, um den Bauzustandes des Objektes feststellen zu können. Entsprechend dem vorgefundenen Zustand sind Ab- oder Zuschläge in der Wertermittlung vorzunehmen.

Bei der Liegenschaftsbewertung bestehen einige Parallelen zu den Tätigkeiten und notwendigen Überprüfungen der Due Diligence, doch bei weitem nicht in diesem Ausmaß. Die Liegenschaftsbewertung kann als Teil der Due Diligence gesehen werden.

Ziel der Due Diligence ist es, einen gesamtheitlichen Überblick des Objektes zu erhalten. Der Auftraggeber, sei es Käufer oder Verkäufer, soll über vorhandene Chancen und Risiken aufgeklärt werden. Weiter können auch vom Ersteller der DD Handelsempfehlungen für eine Optimierung des Objektes gegeben werden. Bei der wirtschaftlichen Due Diligence wird, analog zu der Liegenschaftsbewertung, auch der Wert des Objektes ermittelt.

Der größte Unterschied liegt in der Durchführung der Liegenschafsbewertung und der Due Diligence. So darf nur ein gerichtlich beeideter Sachverständiger eine Liegenschaftsbewertung durchführen, die auch rechtliche Gültigkeit hat. Die Liegenschaftsbewertung ist auch nach dem LBG geregelt und muss gewisse Standards erfüllen. So sind z.B. die Wahl des Verfahrens bzw. des Kapitalisierungszinssatzes zu begründen.

Die Due Diligence kann von jeglichen Personen oder Unternehmen durchgeführt werden, die diese anbieten. Es gibt keine Regelungen oder Standards wie eine Due Diligence auszusehen hat oder welche Punkte sie abdecken soll. Somit liegt die Entscheidung beim Auftraggeber, in welcher Tiefe und Genauigkeit er die Überprüfung haben will. Unternehmen, die Due Diligence anbieten, haben meist interne Anforderungskataloge nach denen sie bei der Prüfung vorgehen.

Dadurch, dass es keine Standards in der Durchführung von Due Diligence gibt, sind auch die Berichte verschiedener Büros sehr unterschiedlich, was einen Vergleich dieser erschwert.

Im nächsten Kapitel wird auf die Monte-Carlo-Simulation näher eingegangen. Dabei handelt es sich um ein probabilistisches Berechnungsverfahren bei dem Unsicherheiten in den Eingangsparametern durch Verteilungsfunktionen berücksichtigt werden. Das Ergebnis der

Simulation ist eine Chancen-Risikoverteilung (in Form eines Histogramms) bei der die Unter- bzw. Überschreitungswahrscheinlichkeit eines Wertes ermittelt wird.

Speziell für die Due Diligence, welche das Ziel hat mögliche Chancen und Risiken aufzudecken, bietet die Monte-Carlo-Simulation eine Möglichkeit, Unsicherheiten bewusst zu berücksichtigen und die sich daraus ergebenden Chancen und Risiken genauer zu identifizieren. So lassen sich durch Sensitivitätsanalysen die stärksten Einflussparameter auf die Streuung der Ergebnisse ermitteln. Dadurch ist es leichter Handelsempfehlungen für Verbesserungen zu geben. Der mögliche Ereignisraum wird dargestellt.

Durch die Darstellung mittels Histogrammen sind die Ergebnisse auch für Kunden leichter verständlich und diese können selbst ihr gewünschtes Chancen-Risikoverhältnis wählen.

In der Immobilienbewertung bietet die Monte-Carlo-Simulation dem Wert-ermittler die Möglichkeit, die Unsicherheiten in seinen Annahmen zu berücksichtigen. Am Ende muss dieser einen Wert für die Immobilie angeben, jedoch mit dem Wissen über das vorhandene Chancen-Risikoverhältnis.

7 Monte-Carlo-Simulation

Die Monte-Carlo-Methode beruht auf dem Gesetz der großen Zahlen und der Wahrscheinlichkeitstheorie. Bei Fragestellungen, die durch analytische Verfahren nicht oder nur mit großem Aufwand gelöst werden können, ist es möglich die Lösung näherungsweise zu ermitteln.[116]

Die Monte-Carlo-Simulation ist ein probabilistisches Berechnungsverfahren, bei welchem, unsichere Inputparameter durch Verteilungsfunktionen definiert sind. Dabei wird jedes Ergebnis eines Simulationsschrittes, auch Iteration genannt, als Zufallsgröße eines definierten Berechnungsmodells ermittelt. Die Anzahl der Iteration ist vorgegeben.[117]

7.1 Statistische und wahrscheinlichkeitstheoretische Grundbegriffe

Für ein besseres Verständnis der Monte-Carlo-Simulation sind einige Begriffe aus der Statistik und Wahrscheinlichkeitstheorie notwendig, die im Folgenden definiert werden.

7.1.1 Zufallsvariable

Der Wert einer Zufallsvariable ist von einem zufälligen Ereignis abhängig. Ist eine Variable von einem zufälligen Ergebnis abhängig, ist sie auch eine Zufallsvariable.

Alle Parameter, die unsicher sind und nicht als ein einziger Wert definiert werden können, sind Zufallsvariablen einer probabilistischen Berechnung.

---

[116] Vgl. HOFSTADLER, C.; KUMMER, M.: Chancen- und Risikomanagement in der Bauwirtschaft. S. 191

[117] Vgl. HOFSTADLER, C.; KUMMER, M.: Chancen- und Risikomanagement in der Bauwirtschaft. S. 197

7.1.2 Diskrete/stetige Verteilung

Die Verteilung sagt aus, mit welcher Wahrscheinlichkeit eine Zufallsvariable einen bestimmten Wert annimmt. Die Summe der Wahrscheinlichkeiten muss 1 ergeben.

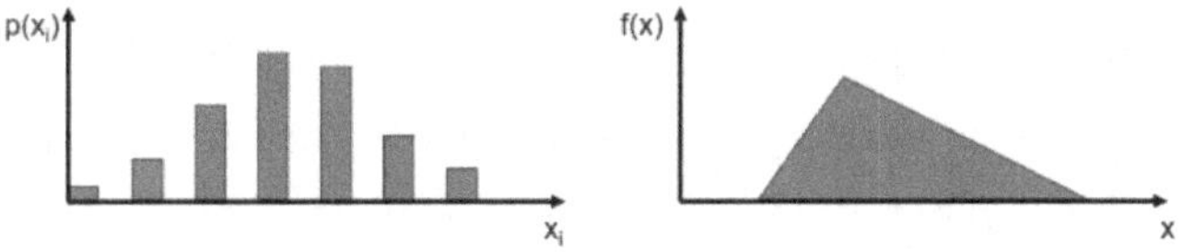

Abbildung 7-1: Diskrete/stetige Verteilung – qualitative Darstellung[118]

Wie in Abbildung 7-1 links zu sehen ist, ist es eine diskrete Verteilung, wenn Parameter einzelne Zahlenwerte annehmen. Sie lassen sich auch in einer Tabelle darstellen.

Bei einer stetigen Verteilung können die Parameter alle möglichen Werte innerhalb der definierten Bandbreite annehmen. Dadurch ist es auch nicht möglich, die Werte in einer Tabelle darzustellen.[119]

7.1.3 Offene/geschlossene Verteilung

Bei einer geschlossenen Verteilung existiert ein definiertes Minimum und Maximum der Verteilfunktion. Zu den geschlossenen Verteilungen zählen bspw. die Dreiecks-, Rechteck- und PERT-Verteilung. Als Input für baubetriebliche und bauwirtschaftliche Berechnungen ergeben nur geschlossene Bandbreiten mit positiven Werten sinnvolle Ergebnisse.

---

[118] HOFSTADLER, C.; KUMMER, M.: Chancen- und Risikomanagement in der Bauwirtschaft. S. 53

[119] Vgl. HOFSTADLER, C.; KUMMER, M.: Chancen- und Risikomanagement in der Bauwirtschaft. S. 53ff.

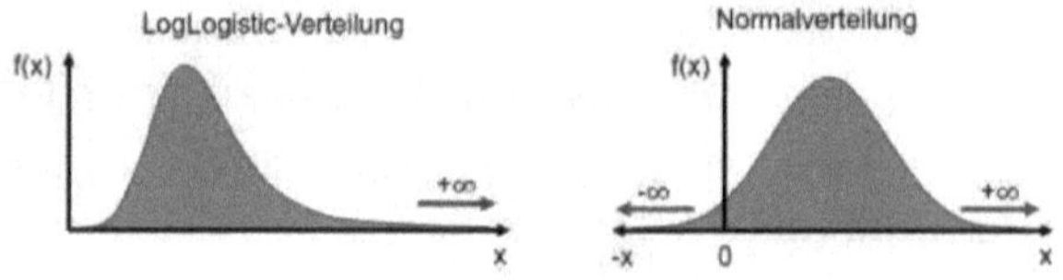

Abbildung 7-2: Einseitig/beidseitig offene Verteilung – qualitative Darstellung[120]

In Abbildung 7-2 ist eine einseitig/beidseitig offene Verteilungsfunktion zu sehen. Die einseitig offene Verteilung hat ein definiertes, endliches Minimum oder Maximum und die andere Grenze ist offen hin zu ∞. Bei einer beidseitig offenen Verteilung existiert kein endliches Minimum oder Maximum. Die Grenzen sind offen zu -∞ und +∞.

Als Beispiele für einseitig offene Verteilungen können die Gamma-, LogLogistic-, Weibull oder Exponentialverteilung genannt werden. [121]

Beispiele für beidseitig offene Verteilungen sind die Normal-, Laplace- oder Studentverteilung.

7.1.4Unimodale/multimodale Verteilung

Ist die Verteilung nicht konstant, wird zwischen uni- und multimodaler Verteilung unterschieden. Wie in Abbildung 7-3 links zu sehen ist, handelt es sich um eine unimodale Verteilung. Hier hat die Verteilungsfunktion einen Extremwert. In der Abbildung rechts sind multimodale Verteilungen. Hier gibt es nicht nur einen, sondern mehrere Extremwerte der Verteilungsfunktion.[122]

---

[120] HOFSTADLER, C.; KUMMER, M.: Chancen- und Risikomanagement in der Bauwirtschaft. S. 55

[121]Vgl. HOFSTADLER, C.; KUMMER, M.: Chancen- und Risikomanagement in der Bauwirtschaft. S. 59

[122]Vgl. HOFSTADLER, C.; KUMMER, M.: Chancen- und Risikomanagement in der Bauwirtschaft. S. 56

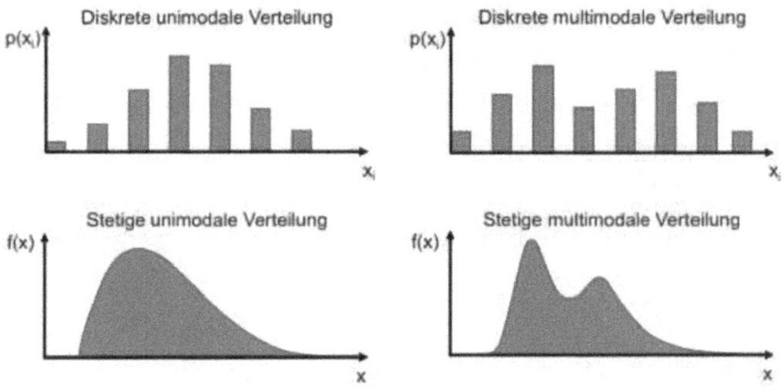

Abbildung 7-3: Diskrete (oben) und stetige (unten), unimodale (links) und multimodale (rechts) Verteilung – qualitative Darstellung[123]

7.1.5 Schiefe/symmetrische Verteilung

Die Verteilungsform kann auch in Bezug auf die Symmetrie unterschieden werden. Bei einer symmetrischen Verteilung handelt es sich um eine Spiegelung um die vertikale Achse. In Abbildung 7-4 sind schiefe Verteilungen zu sehen. Sie haben entweder eine große Häufigkeit im Bereich des Minimums (rechtsschief bzw. linkssteile Verteilung) oder eine große Häufigkeit im Bereich des Maximums (linksschief bzw. rechtssteile Verteilung).[124]

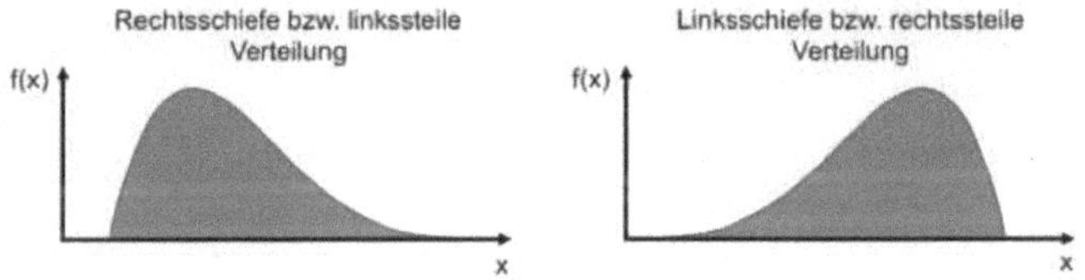

Abbildung 7-4: Rechtsschiefe bzw. linkssteile und linksschiefe bzw. rechtssteile Verteilung – qualitative Darstellung[125]

[123] HOFSTADLER, C.; KUMMER, M.: Chancen- und Risikomanagement in der Bauwirtschaft. S. 56

[124] Vgl. HOFSTADLER, C.; KUMMER, M.: Chancen- und Risikomanagement in der Bauwirtschaft. S. 57

[125] HOFSTADLER, C.; KUMMER, M.: Chancen- und Risikomanagement in der Bauwirtschaft. S. 57

7.1.6 Histogramm

Um ein stetiges Merkmal erheben zu können, ist es notwendig dieses in Form von Klassen zu diskretisieren. In Abbildung 7-5 ist eine qualitative Darstellung eines Histogramms zu sehen. Dieses besteht aus der Klassenhäufigkeit (Ordinate) und Fläche der Klasse (Abszisse). Die Summe der Flächen ist auf 1 normiert.[126]

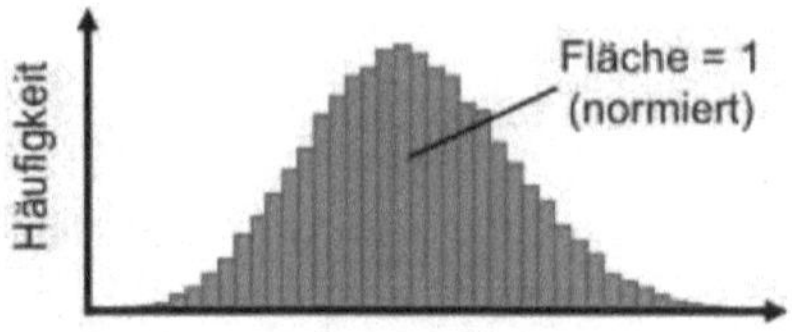

Abbildung 7-5: Histogramm – qualitative Darstellung[127]

7.1.7 Lageparameter

Lageparameter beschreiben den Mittelpunkt bzw. die zentrale Lage einer Verteilung. Zu den wichtigsten Lageparametern zählen das arithmetische Mittel, der Median und der Modus (siehe Abbildung 7-6). Die Lageparameter geben keine Auskunft über den Verlauf der Verteilung.[128]

---

[126] Vgl. HOFSTADLER, C.; KUMMER, M.: Chancen- und Risikomanagement in der Bauwirtschaft. S. 57

[127] HOFSTADLER, C.; KUMMER, M.: Chancen- und Risikomanagement in der Bauwirtschaft. S. 57

[128] Vgl. https://de.statista.com/statistik/lexikon/definition/80/lageparameter/. Datum des Zugriffs: 5.November.2018

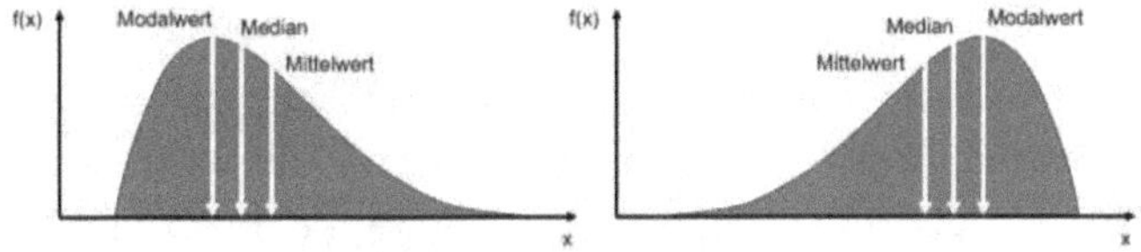

Abbildung 7-6: Lageparameter bei schiefer Verteilung – qualitative Darstellung[129]

Der Mittelwert entspricht der Summe aller Werte geteilt durch deren Anzahl. Der Mittelwert wird auch als arithmetisches Mittel oder „Durchschnittswert" bezeichnet.[130]

Der Median entspricht dem Wert der genau in der Mitte liegt. 50 % der Werte sind links und 50 % der Werte sind rechts vom Median. Bei einer symmetrischen Verteilung fallen der Median und der Mittelwert zusammen.[131]

Der Modalwert ist der am häufigsten vorkommende Wert. Andere Bezeichnungen dafür sind:

- Modus
- Häufigster Wert
- Erwarteter Wert
- Expertenwert
- Wahrscheinlichster Wert[132]

7.1.8 Erwartungswert

Das arithmetische Mittel entspricht in der Wahrscheinlichkeitstheorie dem Erwartungswert. Dieser wird mit E[X] oder μ notiert.[133]

---

[129] HOFSTADLER, C.; KUMMER, M.: Chancen- und Risikomanagement in der Bauwirtschaft. S. 59

[130] Vgl. WEIGAND, C.: Statistik mit und ohne Zufall, 2.Auflage. S. 54

[131] Vgl. https://de.statista.com/statistik/lexikon/definition/85/median/. Datum des Zugriffs: 05.November.2018

[132] Vgl. HOFSTADLER, C.; KUMMER, M.: Chancen- und Risikomanagement in der Bauwirtschaft. S. 58

[133] Vgl. WEIGAND, C.: Statistik mit und ohne Zufall, 2.Auflage. S. 160

7.1.9Varianz

Die Varianz gibt an, wie stark die Werte um den Mittelwert streuen. In Abbildung 7-7 sind zwei Verteilungen mit demselben Mittelwert, aber unterschiedlichen Streuungen zu sehen. Die flachere Kurve hat eine größere Streuung als die steile. Deswegen ist auch ihre Varianz größer.

Die Varianz für diskrete Zufallsvariablen wird lt. Glg. 3 ermittelt.

$$Var(X) = \sum_{i=1}^{n} (x_i - \mu)^2 \cdot p_i \qquad (3)$$

Die Varianz für stetige Zufallsvariablen wird lt. Glg. 4 ermittelt.

$$Var(X) = \int_{-\infty}^{\infty} (x - \mu)^2 \cdot f(x) \cdot dx \qquad (4)$$

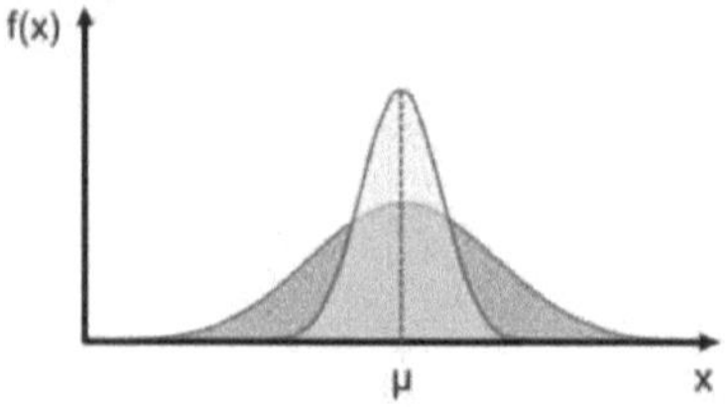

Abbildung 7-7: Unterschiedliche Varianzen – qualitative Darstellung[134]

7.1.10 Standardabweichung

Die Standardabweichung ist ein weiteres Maß für die Streuung um den Mittelwert. Der Vorteil der Standardabweichung ist, dass sie dieselbe Einheit wie das Merkmal hat. Dadurch ist es leichter diesen Wert zu interpretieren.[135] Die Standardabweichung berechnet sich wie folgt:

---

[134] HOFSTADLER, C.; KUMMER, M.: Chancen- und Risikomanagement in der Bauwirtschaft. S. 60

[135] Vgl. https://de.statista.com/statistik/lexikon/definition/126/standardabweichung/. Datum des Zugriffs: 2018.November.2018

$$\sigma = \sqrt{Var(X)} \qquad (5)$$

In Abbildung 7-8 ist eine Normalverteilung mit eingezeichneter Standardabweichung zu sehen. Unabhängig vom Mittelwert, ist eine Normalverteilung immer symmetrisch.

- In dem Intervall von ± 1 σ sind 68,27 % der Werte enthalten.
- In dem Intervall von ± 1,96 σ sind 95 % der Werte enthalten.
- In dem Intervall von ± 2 σ sind 95,45 % der Werte enthalten.
- In dem Intervall von ± 2,58 σ sind 99 % der Werte enthalten.
- In dem Intervall von ± 3 σ sind 99,73 % der Werte enthalten.

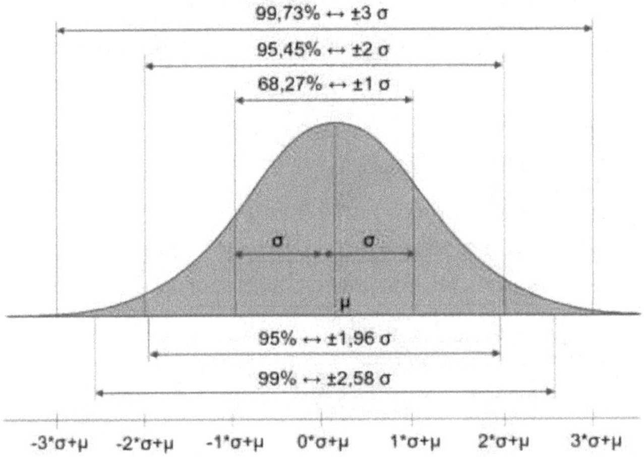

Abbildung 7-8: Standardabweichung - qualitative Darstellung[136]

7.1.11 Quantilwerte

Quantilwerte sagen aus, wieviel % der Werte sich darunter bzw. im Umkehrschluss darüber befinden. Z.B. bei dem 25 % Quantil sind 25

---

[136] HOFSTADLER, C.; KUMMER, M.: Chancen- und Risikomanagement in der Bauwirtschaft. S. 61

% der Werte kleiner als dieser Wert und 75 % sind größer. Besondere Quantile sind das Quartil (Viertel), Quintil (Fünftel) und Percentil (Hundertstel).[137]

7.1.12 Korrelation

Die Korrelation ist ein Maß für die Abhängigkeit von zwei Merkmalen. Eine gute Möglichkeit um eine Abhängigkeit zu erkennen, ist die Darstellung in einem Streuungsdiagramm wie in Abbildung 7-9. Dort ist zu erkennen, in welcher Form die Variablen x und y voneinander abhängig sind.

- r = -1 die Punkte liegen auf einer Gerade. Der Zusammenhang ist perfekt negativ. Wenn x größer wird, wird y kleiner.
- r = 0 es besteht kein linearer Zusammenhang zwischen den Variablen x und y.
- r = +1 die Punkte liegen auf einer Gerade. Der Zusammenhang ist perfekt positiv. Wenn x größer wird, wird y auch größer.

Zur Berechnung des Korrelationskoeffizienten eignet sich Glg. 5 bei zwei intervallskalierten Merkmalen. Dabei wird die Kovarianz zweier Merkmale durch das Produkt der Standardabweichungen dividiert.

$$r_{xy} = \frac{s_{xy}}{s_x \cdot s_y} = \frac{\sum_{i=1}^{n} (x_i - \bar{x}) \cdot (y_i - \bar{y})}{\sqrt{\sum_{i=1}^{n} (x_i - \bar{x})^2 \cdot \sum_{i=1}^{n} (y_i - \bar{y})^2}} \quad (5)$$

[137] Vgl. https://de.statista.com/statistik/lexikon/definition/106/quantil/. Datum des Zugriffs: 2018.November.6

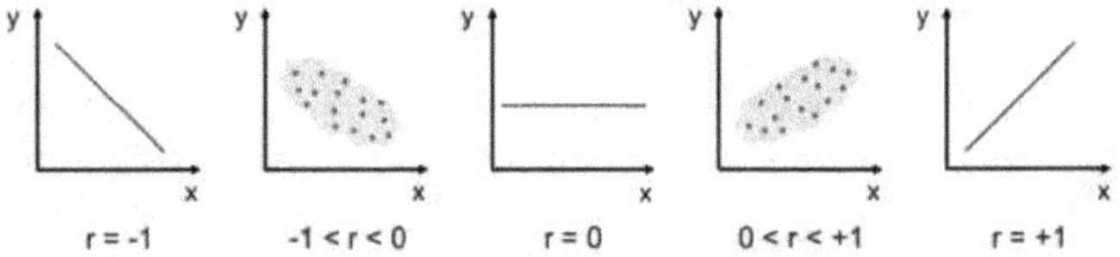

Abbildung 7-9: Korrelation zweier Variablen x und y[138]

[138] HOFSTADLER, C.; KUMMER, M.: Chancen- und Risikomanagement in der Bauwirtschaft. S. 68

7.2 @Risk

Die in dieser Arbeit verwendete Software nennt sich @Risk von der Firma Palisade. Palisade ist ein weltweit führender Hersteller von Risiko- und Analysesoftware. @Risk ist ein Teil der Decision Tools, welche angewendet werden, wenn Ergebnisse unter unsicheren Bedingungen gesucht werden. Die Software ist ein Add-On für Microsoft Excel und macht es möglich Risikoanalysen mittels Monte-Carlo-Simulation durchzuführen.[139]

Die Software @Risk wird verwendet, da es sich dabei um eine Erweiterung von Excel handelt. Unternehmen, welche ihre Kalkulationen in Excel bereits durchführen, können ohne Systemumstellung die Software integrieren. Berechnungsblätter welche bereits in Excel erstellt wurden, können einfach um den Aspekt der unsicheren Eingangsparameter ohne großen Aufwand erweitert werden. Dazu müssen nur die Verteilungsfunktionen definiert werden. Die bestehenden Formeln können weiter verwendet werden.

Aus diesem Grund wird auch für diese Arbeit @Risk verwendet. Folgend werden einige Vor- und Nachteile des Programms @Risk aufgelistet. Dabei handelt es sich um eine demonstrative Auflistung.

Vorteile:

- Add-On für Excel
- Benutzerfreundlich da es ähnlich wie Excel funktioniert
- Übersichtliche Oberfläche
- Ergebnisse können in Excel exportiert und bearbeitet werden
- Anzahl der Iterationen wählbar
- Monte-Carlo oder Latin Hypercube Probenerhebungsverfahren wählbar (siehe dazu Abschnitt 7.4.1 und Abschnitt 7.4.2)
- Verteilungsfunktionen wählbar

---

[139] Vgl. http://www.palisade.com/decisiontools_suite/de/. Datum des Zugriffs: 10.November.2018

- Gutes Tutorial für einen schnellen Einstieg

Nachteile:

- Keine Freeware
- Je nach Komplexität der Berechnungen bzw. Anzahl der Iterationen kann die Simulation einige Minuten in Anspruch nehmen

7.3 Generieren von Zufallszahlen

Für die Monte-Carlo-Simulation sind Zufallszahlen notwendig. Diese werden mithilfe eines Zufallsgenerators erzeugt. Bei den durch den Generator erzeugten Zufallszahlen, handelt es sich aber nicht um echte Zufallszahlen wie z.B. beim Roulett. Die so erzeugten Zufallszahlen sind Pseudozufallszahlen, da sie durch einen bestimmten Algorithmus erzeugt werden.

Zu unterscheiden ist hier zwischen einem deterministischen und nicht deterministischen Zufallsgenerator. Bei einem deterministischen Generator werden bei jeder Generierung von Zufallszahlen dieselben Zahlen erzeugt. Wenn die Qualität der Zufallszahlen gut ist (unabhängig, effizient, reproduzierbar, lange Zyklen und gleichverteilt) und die Anzahl der Iterationen groß genug ist, ergeben sich dadurch Vorteile. Es werden immer wieder die gleichen Ausgangsparameter erzeugt, wodurch es nicht notwendig ist, sämtliche Iterationsergebnisse zu speichern. Weiters lassen sich auch bei wiederholter Simulation die gleichen Ergebnisse rekonstruieren.

Zur Erzeugung von nicht deterministischen Zufallszahlen ist ein externer Einfluss, z.B. die Systemzeit notwendig. Somit liefert er bei gleichen Ausgangsbedingungen unterschiedliche Werte. Wird bei dem nicht deterministischen Zufallsgenerator der Ausgangswert (Seed) definiert, wird aus dem nicht deterministischen ein deterministischer Zufallsgenerator.

In der Praxis werden solche Pseudozufallszahlen von Computern erzeugt. Die Anforderungen an die Pseudozufallszahlen sind, dass sie unabhängig und gleichverteilt sind. Weiter soll die Erzeugung schnell erfolgen, durch den bereits erwähnten Seed reproduzierbar sein und der Generator soll mit langen Zyklen arbeiten. Die Pseudozufallszahlen werden durch einen Algorithmus erzeugt und es ergeben sich periodisch dieselben Zahlen. Durch lange Zyklen kommen sie seltener vor.[140]

7.4 Probenerhebungsverfahren

In der verwendeten Software @Risk gibt es zwei Verfahren zur Auswahl der Zufallszahlen. Das Monte-Carlo-Probenerhebungsverfahren und das Latin Hypercube Probenerhebungsverfahren.

7.4.1 Monte-Carlo-Probenerhebungsverfahren

Beim Monte-Carlo-Probenerhebungsverfahren werden bei jeder Iteration Zufallszahlen mit dem Wert zwischen 0 und 1 generiert, die den gesamten Bereich der Funktion abdecken.

Wie in Abbildung 7-10 kann sich gedanklich vorgestellt werden, dass die Zufallszahl horizontal mit der kumulierten Wahrscheinlichkeit geschnitten wird. Auf der Abszisse ist dann der abgetastete Wert zu entnehmen. Speziell bei wenigen Iterationen kann es vorkommen, dass nur im steilen Bereich Werte abgetastet werden und in den Bereichen geringerer Wahrscheinlichkeit nicht.

Dadurch müssen bei diesem Probenerhebungsverfahren mehr Iterationen durchgeführt, werden um die Verteilfunktion gut abzubilden.

[140] Vgl. HOFSTADLER, C.; KUMMER, M.: Chancen- und Risikomanagement in der Bauwirtschaft. S. 209

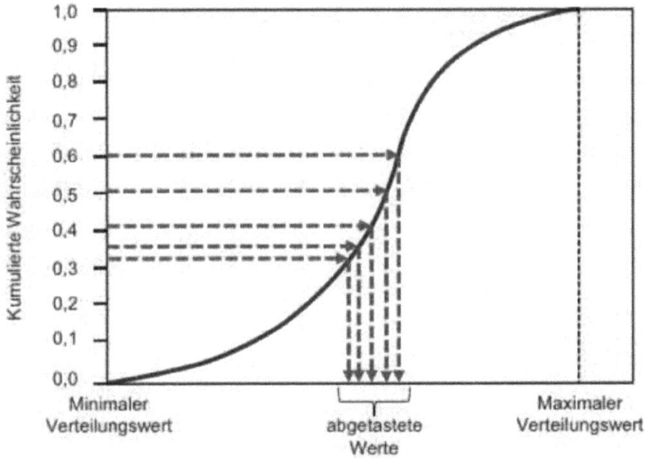

Abbildung 7-10: Ungünstige Monte-Carlo-Probenerhebung[141]

7.4.2 Latin Hypercube Probenerhebungsverfahren

Beim Latin Hypercube Probenerhebungsverfahren wird die Ordinate in Bereiche gleicher Wahrscheinlichkeit eingeteilt. Die Anzahl an Iterationen entspricht der Anzahl an Bereiche. In jedem Bereich wird dann eine Zufallszahl erzeugt und abgetastet.

Der Vorteil dieses Verfahrens ist, dass bereits bei wenigen Iterationen die Verteilungsfunktion gut abgetastet wird und auch in Bereichen geringerer Wahrscheinlichkeit Werte vorhanden sind.

Dadurch ist dieses Verfahren schneller und weniger rechenintensiv als das Monte-Carlo-Probenerhebungsverfahren. Bei den späteren Berechnungen wird dieses Probenerhebungsverfahren verwendet.

---

[141] HOFSTADLER, C.; KUMMER, M.: Chancen- und Risikomanagement in der Bauwirtschaft. S. 211

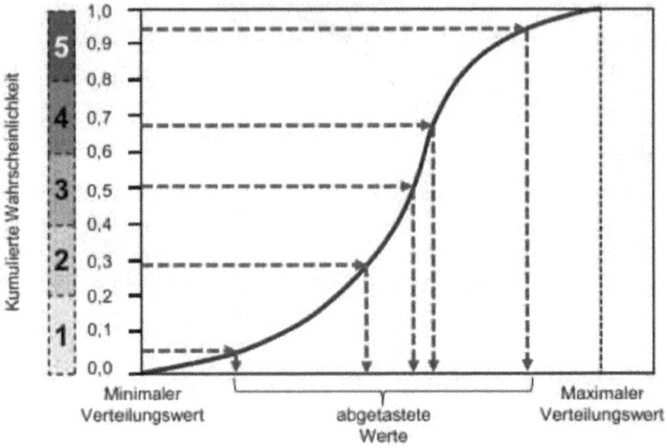

Abbildung 7-11: Latin Hypercube Probenerhebungsverfahren[142]

7.5 Anzahl der Iterationen

Die Anzahl der Iterationen ist von der Fragestellung, dem Modell und den genutzten Eingangsparametern abhängig. Bei geschlossenen Verteilungen (z.B. Rechtecks-, Dreieckverteilung) sind weniger Iterationen notwendig als bei offenen Verteilungen (z.B. Normalverteilung).

Je höher die Anzahl der Iterationen, desto glatter wird das Histogramm und es treten keine Lücken auf. Bei wenigen Iterationen können besonders in den Randbereichen Werte fehlen.[143]

[142] HOFSTADLER, C.; KUMMER, M.: Chancen- und Risikomanagement in der Bauwirtschaft. S. 212

[143] Vgl. HOFSTADLER, C.; KUMMER, M.: Chancen- und Risikomanagement in der Bauwirtschaft. S. 212

7.6 Wahl der Verteilungsfunktion

Bevor mit den Berechnungen begonnen werden kann, müssen die unsicheren Eingangsparameter mit einer ihrer Charakteristik entsprechenden Verteilungsfunktion belegt werden. Ist eine zu den Eigenschaften passende Funktion gefunden, sind Formparameter festzulegen, damit die Verteilung definiert werden kann.

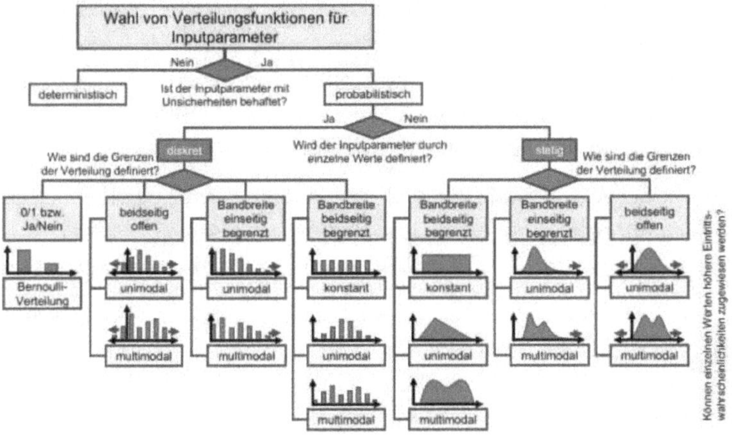

Abbildung 7-12: Hilfestellung zur Wahl der richtigen Verteilungsfunktion[144]

Die Entscheidungsstruktur in Abbildung 7-12 dient als Hilfestellung zur Ermittlung der richtigen Verteilungsfunktion für die Eingangsparameter. Im ersten Schritt ist zu überlegen, ob es sich bei dem Parameter um einen einzigen Wert handelt oder ob es mehrere mögliche Werte gibt, die der Parameter annehmen kann.

Bei dem Baujahr eines Gebäudes, soweit nicht größere Instandhaltungsmaßnahmen durchgeführt wurden, handelt es sich z.B. um einen Wert, der als deterministischer Wert in die Berechnung eingehen kann.

Wenn der Eingangsparameter unsicher ist, muss weiter zwischen diskret und stetig unterschieden werden. Kommen für den Parameter einzelne Werte in Frage, ist eine diskrete Verteilung zu wählen (z.B.

[144] HOFSTADLER, C.; KUMMER, M.: Chancen- und Risikomanagement in der Bauwirtschaft. S. 253

die Anzahl der Personen, die Bewehrungsarbeiten durchführen). Bei einer stetigen Verteilung sind in einem Wertebereich alle Werte möglich.

Der Verlauf der Verteilung ist außer bei der Bernoulli-Verteilung konstant, uni- oder multimodal.

Weiter ist zu unterscheiden, wie die Grenzen des Parameters definiert sind. Kann nur der Zustand 0 oder 1 (ja/nein oder wahr/falsch) angenommen werden, handelt es sich um eine Bernoulli-Verteilung. Ist die Grenze nach oben und unten offen, wird die Verteilung als beidseitig offen bezeichnet. Ist die Grenze in eine Richtung offen, wird die Verteilung als einseitig begrenzt bezeichnet.

Zur Berechnung von Verkehrswerten ist es zielführend beidseitig begrenzte Verteilungen zu nutzen. Die Werte befinden sich immer innerhalb einer definierten Bandbreite und können nicht negativ sein.

Raaber gibt an, dass bei Untersuchungen im Bauwesen bei denen Grenzen ersichtlich sind dreieckige, parabolische oder in seltenen Fällen rechteckige Verteilungen zu verwenden sind. Im Allgemeinen besteht eine Häufung um den Erwartungswert.[145]

Für Expertenwerte werden häufig schiefe Dreiecksverteilungen benutzt, da sie leicht verständlich sind und durch drei Parameter (minimaler, erwarteter und maximaler Wert) definiert sind.

Hofstadler/Kummer geben an, dass für Kosten, Leistungs- und Aufwandswerte eine Log Logistic Verteilung am ehesten die Expertenmeinungen wiederspiegeln. Die Verteilung ist rechtsschief. Eine Dreiecksverteilung würde den Werten im Bereich des Maximums eine höhere Eintrittswahrscheinlichkeit zuweisen.[146]

---

[145]Vgl. RAABER, N.: Beitrag zur Ausschreibung und Vergabe von Bauleistungen. In: Schriftenreihe des Instituts für Baubetrieb und Bauwirtschaft der Technischen Universität Graz - Band 15. S. 167ff.

[146]Vgl. HOFSTADLER, C.; KUMMER, M.: Chancen- und Risikomanagement in der Bauwirtschaft. S. 260ff.

Log Logistic Verteilungen sind jedoch schwer zu definieren, da der Mittelwert und die Standardabweichung notwendig sind. Einfacher und von der Form ähnlich ist die PERT-Verteilung (PERT = Program Evaluation und Review Task). So ist diese, wie die Dreiecksverteilung über die drei Parameter Minimum, erwarteter Wert und Maximum definiert. Für andere Eingangsparameter sind asymmetrische Dreiecksverteilungen ausreichend.[147]

Korrelationen geben an, welchen Einfluss die Parameter aufeinander haben. Bei probabilistischen Berechnungen wird zwischen den Eingangsparametern meistens eine Unabhängigkeit angenommen, da es schwierig ist, entsprechende Korrelationen anzugeben oder zu wenig passende Daten vorhanden sind um sie zu ermitteln.

Zur Ermittlung von Korrelationen ist vertieftes Wissen über das Zusammenspiel der Eingangsparameter notwendig.

Auch wenn Korrelationen in der Berechnung nicht berücksichtigt werden, ist es notwendig sich deren Existenz bewusst zu sein. Für das Beispiel in Kapitel 8 werden keine Korrelationen zwischen den Eingangsparametern berücksichtigt.[148]

---

[147]Vgl. KUMMER, M. K.: Einsatz der Monte-Carlo Simulation zur Berechnung von Baukosten und Bauzeit. Masterarbeit. S. 48ff.

[148]Vgl. HOFSTADLER, C.; KUMMER, M.: Chancen- und Risikomanagement in der Bauwirtschaft. S. 227

7.7 Sensitivitätsanalysen

Sensitivitätsanalysen dienen dazu, zu prüfen wie stark die Variation der Eingangsparameter das Ergebnis beeinflusst. Somit kann festgestellt werden, welche Eingangsparameter in welcher Größenordnung Einfluss auf das Ergebnis haben. Durch das Wissen kann nach einer Lösung gesucht werden, um z.B. die Bandbreite des Parameters zu verringern oder abzusichern, dass er sich nicht ändert.

In @Risk stehen mehrere Möglichkeiten zur Durchführung einer Sensitivitätsanalyse zur Verfügung. Hier werden folgende näher erklärt:

- Tornadodiagramm
- Punktdiagramm
- Spiderdiagramm

7.7.1 Tornadodiagramm

Das Tornadodiagramm zeigt die Auswirkung der Eingangsparameter auf den Absolutwert des Ergebnisses in absteigender Reihenfolge an, wie in Abbildung 7-13 zu sehen.

Zur Berechnung werden die unsicheren Parameter zuerst in Bins (Daten die in Klassen zusammengefasst sind) gleicher Wahrscheinlichkeit eingeteilt. Standardmäßig sind es in @Risk 10 Bins. Zur Ermittlung des Einflusses werden alle Parameter auf ihren definierten Durchschnittswert gehalten außer einem. Dieser wird durch die Mittelwerte, die aus den 10 Bins durch Zufallszahlen gebildet werden, ersetzt und in Folge die Berechnung durchgeführt. Aus den 10 Ergebnissen ergibt sich der Balken.[149]

Hier wurde als Beispiel die Ermittlung des Kapitalwertes herangezogen. Es sind nur drei Parameter, welche Einfluss auf das Ergebnis haben. Die Größe des Einflusses auf den Kapitalwert ist in Form von

[149] Vgl. HOFSTADLER, C.; KUMMER, M.: Chancen- und Risikomanagement in der Bauwirtschaft. S. 305

Balken zu sehen. Die Unsicherheiten bei den Einnahmen beeinflussen die Streuung des Kapitalwertes am stärksten.

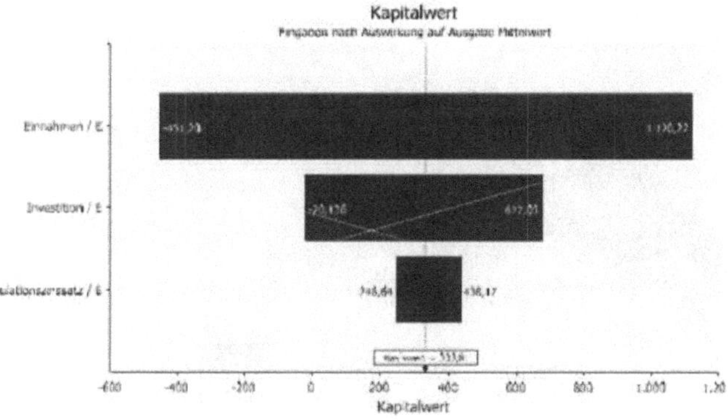

Abbildung 7-13: Beispiel Kapitalwert – Tornadodiagramm[150]

7.7.2 Punktdiagramm

Durch das Punktdiagramm lässt sich der Zusammenhang zwischen einem Eingangsparameter und dem Ergebnis darstellen. Dabei handelt es sich um ein X-Y-Diagramm, in dem die Ergebnisse jeder Iteration als Punkt eingetragen werden. Zur Erklärung sind in Abbildung 7-14 die Einnahmen und der Kapitalwert zu sehen.

Die Aussageellipse deckt 99 % der Ergebnisse ab. Wie zu erkennen ist, besteht zwischen den Einnahmen und dem Kapitalwert ein positiver Zusammenhang (positive Korrelation). Der horizontale Begrenzer gibt einen deterministischen Ausgabewert und der vertikale einen deterministischen Eingabewert an. Die Prozentwerte in den Quadranten geben die Über- bzw. Unterschreitungswahrscheinlichkeiten dieser Werte an.

[150] HOFSTADLER, C.; KUMMER, M.: Chancen- und Risikomanagement in der Bauwirtschaft. S. 306

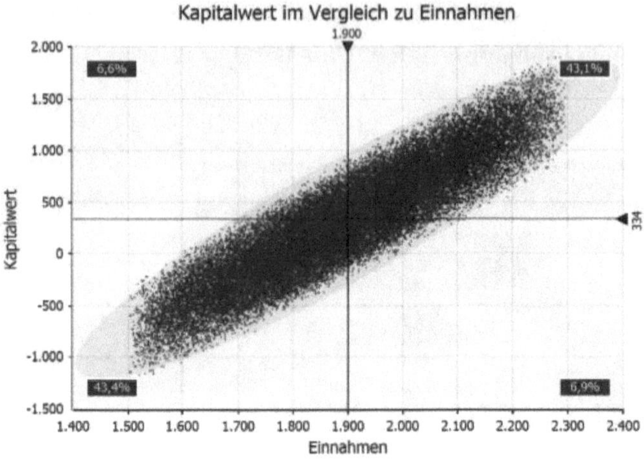

Abbildung 7-14: Punktdiagramm – Zusammenhang Einnahmen auf den Kapitalwert[151]

7.7.3Spiderdiagramm

Das Spiderdiagramm ist ähnlich wie das Tornadodiagramm, enthält jedoch mehr Informationen. Die Berechnung erfolgt analog zu der in Abschnitt 7.7.1. Die Daten werden in 10 Bins gleicher Wahrscheinlichkeit eingeteilt. Bis auf einen Parameter werden die Werte auf einem definierten Mittelwert gehalten. Der eine Parameter wird variiert. Aus jedem der 10 Bins wird mittels Zufallszahl ein Mittelwert ermittelt. Mit diesen 10 Mittelwerten wird jeweils eine Berechnung durchgeführt. Jedes dieser Ergebnisse wird in dem Spiderdiagramm (siehe Abbildung 7-15) eingezeichnet und linear miteinander verbunden. Die Steilheit der Gerade gibt Auskunft über die Änderungsrate des Ergebnisses.

Die Einnahmen beeinflussen den Kapitalwert am meisten und auch am schnellsten. Erhöht sich der Kalkulationszinssatz, verändert sich der Kapitalwert negativ.

---

[151] HOFSTADLER, C.; KUMMER, M.: Chancen- und Risikomanagement in der Bauwirtschaft. S. 310

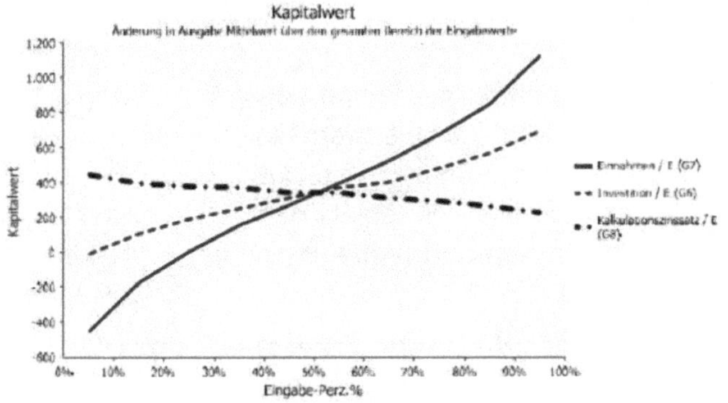

Abbildung 7-15: Spiderdiagramm – Einfluss auf den Kapitalwert[152]

[152] HOFSTADLER, C.; KUMMER, M.: Chancen- und Risikomanagement in der Bauwirtschaft. S. 311

8 Berechnungsbeispiel

Die meisten Eingangsparameter, mit denen der Verkehrswert einer Liegenschaft ermittelt wird, sind mit Unsicherheiten behaftet. Es kann nicht garantiert werden, dass es nur ein richtiges Ergebnis gibt. In diesem Kapitel wird anhand eines Beispiels der Verkehrswert einer Immobilie mit deterministischen und probabilistischen Verfahren ermittelt.

Zur Anwendung kommen das Sachwert-, Ertragswert-, und DCF-Verfahren. Das Vergleichswertverfahren wird ausgenommen, da es sich bei diesem um kein Rechenverfahren handelt, sondern um ein Vergleichsverfahren. Die Liegenschaft wird mit ähnlichen auf dem Markt befindlichen Objekten mit vergleichbaren Eigenschaften verglichen und so der entsprechende Preis abgeleitet. Näheres dazu in Abschnitt 5.1.

Das Residualwertverfahren wird nicht verwendet, da es sich für diesen Bewertungsfall nicht eignet. Das betrachtete Objekt ist weder am Ende der Nutzungsdauer, bei der es Überlegungen für ein zukünftig neues Objekt gibt, noch um ein Projekt welches erst entstehen soll. Somit ist die Anwendung des Residualwertverfahrens nicht passend.

Die probabilistische Wertermittlung wird mittels Latin Hypercube mit 50.000 Iterationen durchgeführt.

8.1 Projektbeschreibung

Bei dem zu bewerteten Objekt handelt es sich um eine Wohnanlage in Graz, im Bezirk Waltendorf, Schauensteingasse 4 und 6 (siehe Abbildung 8-1). Das Objekt besteht aus zwei Baukörpern. Diese sind mit Gängen in den einzelnen Etagen verbunden. Der Lift und das Stiegenhaus befinden sich im Außenbereich zwischen den beiden Gebäuden.

Jedes Objekt besteht aus 13 Wohneinheiten mit jeweils einem Balkon (zwischen ca. 6 m² und 9 m²) bzw. Terrasse (zwischen ca. 16 m² und 40 m²) und einem zugehörigen Kellerabteil (ca. 4 m²). Pro Etage befinden sich drei Einheiten. Im Dachgeschoss nur eine. Die Wohnungsgrößen variieren zwischen 32 m² und 123 m² (DG). Zum besseren Verständnis ist in Abbildung 8-2 der Geschossplan des ersten Obergeschosses exemplarisch dargestellt.

Unter dem Gebäude befindet sich eine Tiefgarage, die mit zwei weiteren angrenzenden Gebäuden geteilt wird. Diesem Objekt sind 25 Tiefgaragenplätze (TG-Plätze) zugehörig.

Abbildung 8-1: Bewertungsobjekt Schauensteingasse 4 und 6[153]

[153]Zur Verfügung gestellt von (Bauträger Mag. Hofstätter & Kletzenbauer GmbH, 2018)

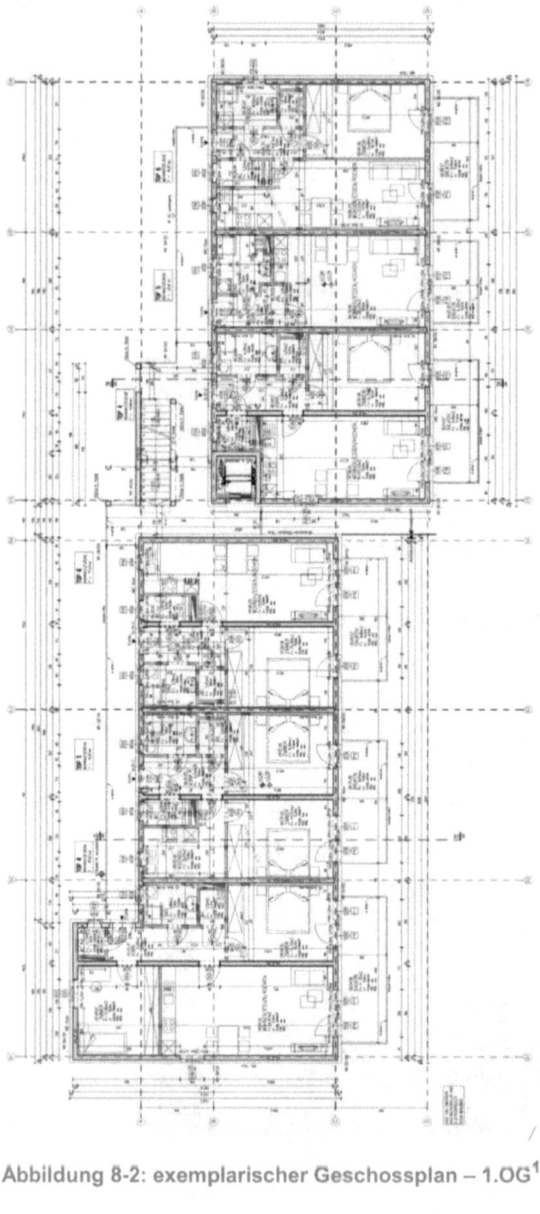

Abbildung 8-2: exemplarischer Geschossplan – 1.OG[154]

[154]Zur Verfügung gestellt von (Bauträger Mag. Hofstätter & Kletzenbauer GmbH, 2018)

8.1.1 Objektzustand und -qualität

Die Anlage wurde im Jahr 2012 errichtet. Der Zustand ist als sehr gut einzuschätzen und von guter Bauqualität. Das Objekt ist an das Fernwärmenetz der Stadt Graz angebunden. Zusätzlich befindet sich auf dem Dach eine 120 m² große Photovoltaikanlage, mit der zusätzlich Strom erzeugt und in das Netz eingespeist wird. Bei der Bewertung wird diese aus Gründen der Vereinfachung nicht berücksichtigt.

8.1.2 Wohnausstattung

In den Wohneinheiten sind standardmäßig Einbauküchen mit allen notwendigen elektrischen Geräten vorhanden. Dazu zählen Mikrowelle, Kühlschrank mit Tiefkühlfach, E-Herd mit Backofen und ein Geschirrspüler von namhaften Herstellern. Weiters sind in den Badezimmern jeweils ein Hängekasten mit Spiegel, Waschbecken mit Unterspülkasten und eine Nasszelle mit Glaswänden vorhanden.

8.1.3 Wohnlage

Die Lage ist sehr gut. Die Wohnanlage befindet sich in einer ruhigen Sackstraße nur mit Anrainerverkehr. Trotzdem befinden sich in fußreichweite ein Nahversorger, eine Bäckerei, eine Bank und Restaurants. Kindergarten und Volksschule sind in einem Umkreis von etwa 500 m und höhere Schulen in etwa 1,5 km zu finden (siehe Abbildung 8-3).

Abbildung 8-3: Lagefoto der Liegenschaften[155]

Auch der Anschluss an den öffentlichen Verkehr ist in wenigen Gehminuten gegeben. Bei der Volksschule Waltendorf befindet sich die Station der Linie 60 und an der Kreuzung Plüddemanngasse/Waltendorfer Hauptstraße die Station der Linie 63. In

Abbildung 8-4 ist der Fußweg, von der Wohnanlage (rotes Rechteck), durch die blau gepunktete Linie dargestellt, um die Distanz zur Haltestelle zu erkennen.

155 https://www.google.at/maps/place/Schauensteingasse+4,+8010+Graz/@47.0660091,15.4683779,17z/data=!3m1!4b1!4m5!3m4!1s0x476e4a8ab0aa6b21:0xe0c1d49580e0b5d0!8m2!3d47.066006!4d15.469925. Datum des Zugriffs: 9.März.2019

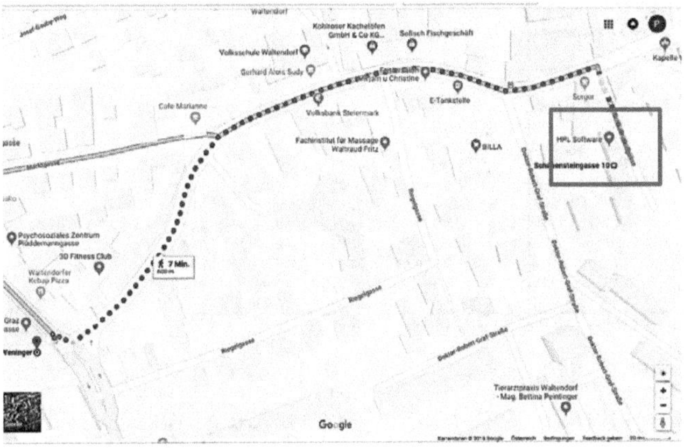

Abbildung 8-4: Wohnlage[156]

8.1.4 Flächenaufstellung

Die Grundstücksfläche aus dem Grundbuchsauszug bezieht sich auf die Grundstücke von Schauensteingasse 4, 6 und 10. Die zugehörige Fläche zu der Wohnanlage Schauensteingasse 4 und 6 ist mithilfe von GIS-Steiermark[157] ermittelt worden. Diese beträgt 1.792 m².

In der Tabelle 8-1 sind die Flächen der jeweiligen Wohneinheiten nach Stockwerk sortiert. Es befinden sich sowohl in der Schauensteingasse 4 und 6 jeweils 13 Wohneinheiten. Zu jeder Einheit sind ein Balkon oder eine Terrasse und ein Kellerabteil zugehörig. Die Parkplätze in der Tiefgarage sind gesondert anzumieten. Gesamt ergibt sich somit eine Wohnfläche von 1.461 m².

156 https://www.google.at/maps/dir/47.0660891,15.4700014/Radsport+Weninger,+Pl%C3%BCddemanngasse+52a,+8010+Graz/@47.0660151,15.4656214,17.79z/data=!4m9!4m8!1m0!1m5!1m1!1s0x476e4a8bc50ed1a9:0x64114fcf262d3d49!2m2!1d15.4643074!2d47.0648417!3e2. Datum des Zugriffs: 19.November.2018

157 https://gis.stmk.gv.at/atlas/(S(qqzdqi2fvuctv3ti3zgdgsq3))/init.aspx?ks=das&cms=da&karte=kat. Datum des Zugriffs: 25.November.2018

Schauensteingasse 4					Schauensteingasse 6				
Top	Stock	Wohnfläche [m²]	Terasse / Balkon	Keller [m²]	Top	Stock	Wohnfläche [m²]	Terasse / Balkon	Keller [m²]
1	EG	67,50	30,64	4,88	1	EG	52,69	29,65	4,88
2	EG	50,57	28,5	3,51	2	EG	32,63	16,24	4,77
3	EG	51,02	29,33	3,45	3	EG	49,73	26,07	4,77
4	1.OG	67,54	11,35	4,63	4	1.OG	52,69	9,49	4,63
5	1.OG	50,57	9,49	3,45	5	1.OG	32,62	6,32	4,63
6	1.OG	51,02	9,49	3,51	6	1.OG	49,73	9,49	3,92
7	2.OG	67,61	11,35	5,14	7	2.OG	52,69	9,49	4,61
8	2.OG	50,57	9,49	3,88	8	2.OG	32,63	6,32	3,92
9	2.OG	51,02	9,49	3,2	9	2.OG	49,73	9,49	4,61
10	3.OG	67,62	11,35	4,63	10	3.OG	52,69	9,49	9,28
11	3.OG	50,57	9,49	3,15	11	3.OG	32,63	6,32	2,65
12	3.OG	51,02	9,49	3,2	12	3.OG	49,73	9,49	4,02
13	DG	123,21	80,51	7,81	13	DG	121,35	40,23	7,81
Σ		799,84	259,97	54,44	Σ		661,54	188,09	64,50

Tabelle 8-1: Flächenaufstellung

Die Fläche der Tiefgarage und des Kellers werden den Bauplänen entnommen. Für die Häuser 4, 6, 8 und 10 gibt es ein gemeinsames Untergeschoss. Die anteiligen Flächen sind in Tabelle 8-2 ersichtlich.

Die Tiefgarage besitzt eine Ein- als auch Ausfahrt. Insgesamt sind in der Tiefgarage 58 PKW-Stellplätze vorhanden. Den Häusern 4 und 6 sind davon 25 zugeschrieben. Entsprechend der Stellplatzanzahl wird den Häusern eine Fläche zugeteilt. Die Kellerfläche beträgt etwa 119 m². Die Fläche des Technikraumes, in dem sich die gesamte Heizungstechnik befindet, beträgt etwa 19 m². Die gesamte Fläche des UG beträgt etwa 938 m².

UG-Fläche	
Tiefgaragenfläche ges [m²]	1.499,32
Stellplätze ges. [-]	54
Stellplätze Haus 4 & 6 [-]	25
Tiefgaragenfläche Haus 4 & 6 [m²]	694,13
Kellerabteile Haus 4 & 6 [m²]	118,94
Gänge Haus 4 & 6 [m²]	74,14
Technikfläche Haus 4 & 6 [m²]	18,83
Fahrradkeller Haus 4 & 6 [m²]	31,87
UG-Fläche ges. Haus 4 und 6 [m²]	937,91

Tabelle 8-2: UG-Flächen

8.1.5Widmung

Die Bebauungsdichte für dieses Grundstück liegt zwischen 0,4 und 1.[158] Die bebaubare Fläche wurde maximal ausgenutzt. Es werden keine Abzüge aufgrund von Mindernutzung angesetzt.

8.1.6Mietzinsliste

In Tabelle 8-3 ist die Mietzinsliste der Häuser 4 und 6 dargestellt. Dabei handelt es sich um die monatlichen Mieteinnahmen, die als Nettobeträge angegeben sind. Diese fallen 12-mal pro Jahr an. Bei den gesamten Einnahmen handelt es sich um die tatsächlichen Einnahmen unter Berücksichtigung des Leerstandes in der Schauensteingasse 6, Top 12. Die Einnahmen wurden nicht mittels durchschnittlichen Mietzins und der Gesamtwohnfläche ermittelt.

Weiter werden sowohl der durchschnittliche Mietzins pro m² je Wohnung, sowie auch der durchschnittliche Mietzins der gesamten Anlage berechnet. Dieser beträgt ca. 10,50 €/m².

Für die Tiefgaragenstellplätze wurde keine eigene Tabelle erstellt. 22 der 25 Stellplätze sind derzeit vermietet. Die Mieteinnahmen je vermieteten Stellplatz betragen etwa 58 €/Mo.

		Schauensteingasse 4			Schauensteingasse 6		
Top	Stock	Wohnfläche [m²]	Mietzins netto [€]	Mietzins / m² [€/m²]	Wohnfläche [m²]	Mietzins netto [€]	Mietzins / m² [€/m²]
1	EG	67,50	644,39 €	9,55 €	52,69	500,05 €	9,49 €
2	EG	50,57	490,76 €	9,70 €	32,63	353,90 €	10,85 €
3	EG	51,02	475,78 €	9,33 €	49,73	460,59 €	9,26 €
4	1.OG	67,54	650,26 €	9,63 €	52,69	404,05 €	7,67 €
5	1.OG	50,57	507,21 €	10,03 €	32,62	376,19 €	11,53 €
6	1.OG	51,02	522,12 €	10,23 €	49,73	475,29 €	9,56 €
7	2.OG	67,61	667,56 €	9,87 €	52,69	533,55 €	10,13 €
8	2.OG	50,57	523,66 €	10,36 €	32,63	417,09 €	12,78 €
9	2.OG	51,02	522,67 €	10,24 €	49,73	507,16 €	10,20 €
10	3.OG	67,62	695,62 €	10,29 €	52,69	538,20 €	10,21 €
11	3.OG	50,57	543,90 €	10,76 €	32,63	418,26 €	12,82 €
12	3.OG	51,02	546,24 €	10,71 €	49,73	leer	leer
13	DG	123,21	1.575,00 €	12,78 €	121,35	1.644,92 €	13,56 €
Σ		799,84	8.365,17 €		661,54	6.629,25 €	
Ø				10,27 €			10,67 €
Σ Fläche [m²]		1.461,38	Σ Mietzins [€]		14.994,42 €	Ø	10,47 €

[158] Abfrage der Grundstückswidmung auf GIS-Steiermark https://gis.stmk.gv.at/atlas/(S(qqzdqi2fvuctv3ti3zgdgsq3))/init.aspx?ks=das&cms=da&karte=kat. Datum des Zugriffs: 25.November.2018

Tabelle 8-3: Mietzinsliste

8.1.7 Zusammenfassung

In der Tabelle 8-4 sind noch einmal die wichtigsten Eckdaten des Objektes zusammengefasst, die für die Berechnung des Verkehrswertes notwendig sind. Der Bewertungsstichtag ist der 01.12.2018.

Grundfläche [m²]	1.792
Baujahr	2012
Wohnnutzfläche [m²]	1.461
TG-Plätze	25
UG-Fläche [m²]	938
Mietpreis [€/m²]	10,47
Lage	sehr gut
Gebäudezustand	sehr gut

Tabelle 8-4: Zusammenfassung Objektdaten

8.2 Deterministische Wertermittlung

Im ersten Schritt wird der Verkehrswert mittels klassischer deterministischer Herangehensweise ermittelt. Die Eingangswerte sind die geschätzten Werte des Autors. Abschließend werden die Verkehrswerte die mittels den drei Verfahren ermittelt wurden, gegenübergestellt.

Deterministische Berechnungen entsprechen den Stand der Technik, jedoch wird dabei nur ein mögliches Szenario berücksichtigt. Durch ein Best- und Worst-Case Szenario können noch die oberen und unteren Grenzen ermittelt werden. Darauf wird in dieser Arbeit jedoch verzichtet.

8.2.1 Sachwertverfahren

Der Wert des Objektes wird anhand des Sachwertverfahrens ermittelt. Der Fokus des Verfahrens liegt in der Bewertung der Bausubstanz. Zum besseren Verständnis des Verfahrens ist der Ablauf schematisch in Abbildung 8-5 dargestellt.

Über den jeweiligen Berechnungsschritten sind die dazugehörigen Eingangsparameter. Im weiteren Verlauf wird die Wahl der gewählten Eingangsparameter begründet und mittels eines Berechnungsblattes der Verkehrswert ermittelt.

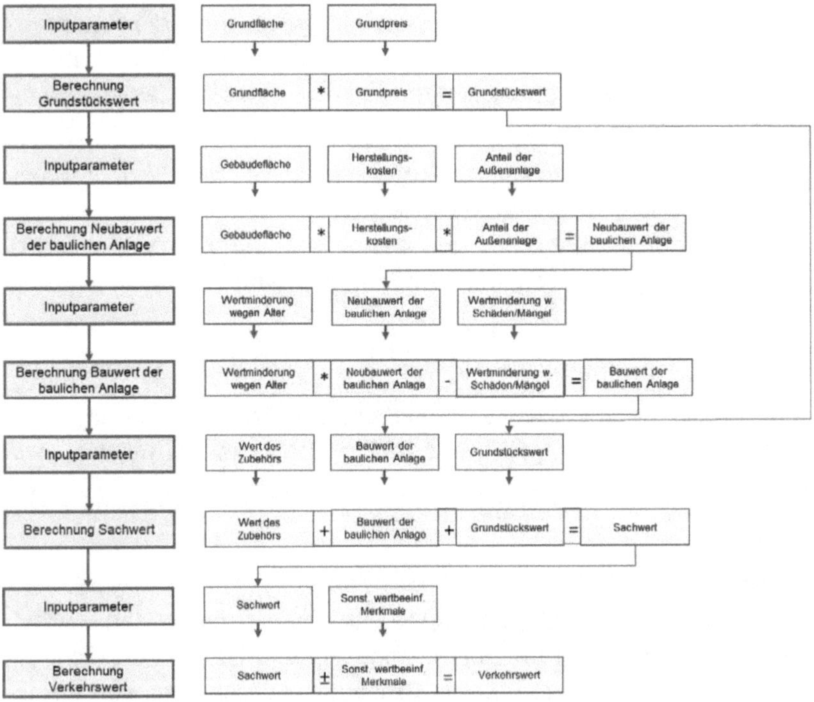

Abbildung 8-5: Schematischer Ablauf – Sachwertverfahren

8.2.1.1 Grundfläche

Die Grundfläche ergibt sich aus dem Grundbuch bzw. entspringt der Vermessung in GIS-Steiermark. Die Grundfläche entspricht dem Wert aus Tabelle 8-4. Die Fläche beträgt 1.792 m².

8.2.1.2 Grundpreis

Der anzusetzende Grundpreis wird für gewöhnlich mittels Vergleichswertverfahren ermittelt. Dazu werden die Kaufpreise von Grundstücken mit ähnlichen Eigenschaften die zeitnah verkauft wurden, herangezogen. Sowohl die Grundbuchsauszüge als auch die Kaufpreisauskünfte sind in den zuständigen Bezirksgerichten entgeltlich erhältlich. Durch die Kaufpreisauskünfte, kann ein Preis für das zu bewertende Grundstück ermittelt werden.

Für diese Arbeit stehen keine Kaufpreisauskünfte des Bezirksgerichtes zur Verfügung. Aus dem Gespräch mit dem Eigentümer geht hervor, dass in dieser Lage und gegebener Bebauungsdichte im Bezirk Waltendorf Preise von ca. 450 €/m² zu erwarten sind.

8.2.1.3 Gebäudefläche

Die Wohnfläche und die TG-Fläche sind aus Tabelle 8-4 ersichtlich. Die Wohnfläche beträgt etwa 1.461 m² und die TG-Fläche etwa 983 m².

8.2.1.4 Herstellungskosten

Wie bereits in Abschnitt 5.2.2 erklärt, handelt es sich bei den Herstellungskosten um die Normalherstellungskosten. Es werden nicht die tatsächlichen Kosten, die für die Errichtung aufgebracht wurden angesetzt, sondern die durchschnittlichen für ein Bauwerk dieser Art.

Die Bauausführung des Objektes ist als hochwertig anzusehen. Die Werte aus Tabelle 8-5 enthalten bereits den Anteil für die Baunebenkosten. Dadurch, dass das Gebäude zu gewerblichen Zwecken errichtet wurde, ist die USt abzuziehen. Die Tabelle ist aus dem Jahr

2010. Die Werte sind noch mittels Baupreisindex an den Bewertungsstichtag anzupassen.

2010	Richtpreis für Herstellungskosten (inkl. Baunebenkosten) bei Mehrwohnungsgebäuden mit üblicher Raumhöhe (2,60 m-2,80 m) €/m² Nutzfläche (inkl. 20 % USt)			
	Ausstattung ohne Installationen	Ausstattung für Wohnzwecke - Hauptgeschosse		
	sehr einfach	einfach	mittel	hoch
Burgenland	748-916	1.164-1.331	1.331-1.626	1.626-2.014
Kärnten	775-949	1.206-1.380	1.380-1.685	1.685-2.087
Niederösterreich	811-993	1.262-1.444	1.444-1.763	1.763-2.184
Oberösterreich	829-1.015	1.290-1.476	1.476-1.802	1.802-2.233
Salzburg	946-1.159	1.473-1.684	1.684-2.057	2.057-2.548
Steiermark	811-993	1.262-1.444	1.444-1.763	1.763-2.184
Tirol	946-1.159	1.473-1.684	1.684-2.057	2.057-2.548
Vorarlberg	991-1.214	1.543-1.765	1.765-2.155	2.155-2.669
Wien	901-1.104	1.403-1.604	1.604-1.959	1.959-2.427

Tabelle 8-5: Richtpreise Herstellungskosten 2010[159]

Der Baupreisindex wird jährlich von der Statistik Austria anhand eines Warenkorbes ermittelt und kann auf der Website abgefragt werden. Der Baupreisindex für den Bewertungsstichtag im Jahr 2018 ist 123,1.[160] Im Jahr 2010 war die Basis 100. Somit ergibt sich eine Preissteigerung von 23,1 %.

Kranewitter empfiehlt für die Herstellungskosten von Keller, Garagen und Nebengebäuden 45-60 % der Richtpreise.[161]

In Tabelle 8-6 sind die Herstellungskosten am Bewertungsstichtag zu sehen. Für den Keller und Tiefgarage werden 50 % des Richtpreises angenommen. Das entspricht Kosten von 950 €/m². Für die Wohnflächen werden Kosten von 1.900 €/m² angesetzt. Diese müssen noch an den Bewertungsstichtag mittels Baupreisindex angepasst und um die USt verringert werden.

	Richtpreis 2010 [€/m²]	USt [%]	Richtpreis 2010 o. USt [€/m²]	Preissteigerung [%]	Richtpreis 2018 o. USt [€/m²]
Keller/Tiefgarage	950	20	792	23,1	975
Wohnfläche	1.900	20	1.583	23,1	1.949

159In Anlehnung an KRANEWITTER, H.: Liegenschaftsbewertung, 6.Auflage. S. 299

160 https://www.statistik.at/web_de/statistiken/wirtschaft/produktion_und_bauwesen/konjunkturdaten/baupreisindex/020628.html. Datum des Zugriffs: 2018.November.26

161Vgl. KRANEWITTER, H.: Liegenschaftsbewertung, 6.Auflage. S. 299

Tabelle 8-6: Herstellungskosten am Bewertungsstichtag

Am Bewertungsstichtag ergeben sich Herstellungskosten für die Wohnfläche von 1.949 €/m² und 975 €/m² für das Kellergeschoss.

8.2.1.5 Anteil der Außenanlagen

Der Wert der Außenanlagen wird für gewöhnlich in Prozent der Herstellungskosten des Bauwerkes angegeben. Die Außenanlagen sind durchschnittlich gestaltet. *Kranewitter* gibt hierfür Werte zwischen 4 % und 6 % an. [162] Es wird ein Wert von 5 % angenommen.

8.2.1.6 Wertminderung wegen Alter

Das Objekt wurde im Jahr 2012 fertiggestellt. Aufgrund des Alters ergibt sich eine Abnutzung. Bei Wohngebäuden wurde durch empirische Untersuchungen festgestellt, dass die Altersabnutzung am besten durch die progressive Alterswertminderung nach *Ross* bestimmt werden kann (siehe Abbildung 8-6). Am Beginn der Lebensdauer ist die Abnutzung nur gering und steigt mit zunehmendem Alter.[163] Die Formel für die Alterswertminderung nach *Ross* ist:

$$WM_{PR} = \frac{1}{2} * \left(\frac{A^2}{GND^2} + \frac{A}{GND} \right) * 100 \qquad (6)$$

WM_{PR} = progressive Wertminderung nach *Ross*

A = Alter der baulichen Anlage

GND = Gesamtnutzungsdauer der baulichen Anlage

---

[162] Vgl. KRANEWITTER, H.: Liegenschaftsbewertung, 6.Auflage. S. 81

[163] Vgl. FUNK, M.; KOESSLER, C.; STOCKER, G.: Sachwertverfahren. In: Immobilienbewertung Österreich. S. 289

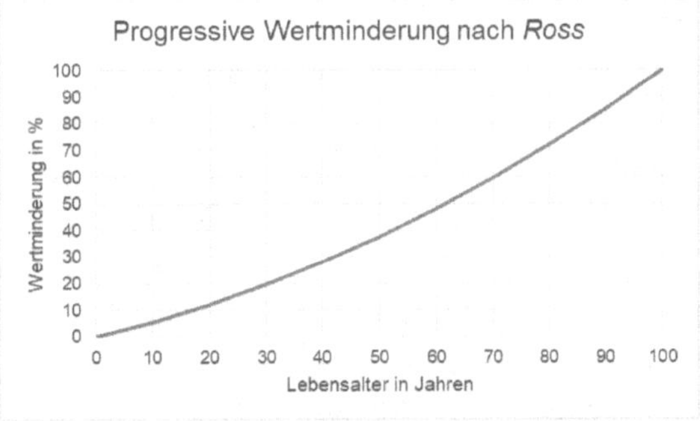

Abbildung 8-6: Progressive Wertminderung wegen Alter nach *Ross*

Als Gesamtnutzungsdauer gibt *Kranewitter* für Miet- und Eigentumswohngebäude eine wirtschaftliche Nutzungsdauer von 60-80 Jahre an.[164] Aufgrund der sich schnell ändernden Technologien und den wachsenden Anforderungen an das Wohnobjekt wird eine GND von 60 Jahren gewählt. Das Alter des Objektes ist sechs Jahre. Die sich ergebende Wertminderung nach Ross aufgrund des Alters beträgt 5,5 % (siehe Tabelle 8-7).

Alter [a]	6
Gesamtnutzungsdauer [a]	60
Wertminderung nach Ross [%]	5,5

Tabelle 8-7: Alterswertminderung nach *Ross*

8.2.1.7 Wertminderung wegen Bauschäden / -mängel

Bei der Besichtigung des Objektes wurden keine Schäden oder Mängel auf den allgemein zugänglichen Flächen erkannt. Es entspricht alles einem dem Alter entsprechenden Zustand. Die Wohnungen konnten wegen Vermietung nicht besichtigt werden. Die Anlage ist in einem sehr guten Zustand und es wird keine Wertminderung wegen Bauschäden oder -mängel angesetzt.

[164] Vgl. KRANEWITTER, H.: Liegenschaftsbewertung, 6.Auflage. S. 74

8.2.1.8 Wert des Zubehörs

In jeder Wohneinheit befindet sich eine Einbauküche vom Tischler, die immer jeweils auf eine Seitenlänge angepasst wird. Enthalten sind alle Elektrogeräte. Dazu zählen eine Kühl-/ Gefrierschrankkombie, ein Geschirrspüler und ein Herd mit Ceranfeld. Als Kosten werden hier 4.000 € pro Wohneinheit angesetzt.

Im Badezimmer befinden sich eine ebenerdige Glasduschkabine und ein Waschbecken mit Unterschrank und Spiegelschrank darüber. Hierfür werden Kosten von 1.500 € pro Wohneinheit angesetzt.

8.2.1.9 Sonstige wertbeeinflussende Umstände

Im C-Blatt des Grundbuches ist nur eine Dienstbarkeit eingetragen. Diese besteht über die Duldung, Errichtung, Erhaltung und Betrieb einer Fernwärmeleitung der Energie Steiermark. Diese wird nicht als wertbeeinflussender Umstand in der Berechnung angesetzt.

8.2.1.10 Sachwertermittlung

Das Ablaufschema aus Abbildung 8-5 wird hier in einer Excel-Tabelle umgesetzt. Die Eingangsparameter stammen aus den vorherigen Abschnitten und sind bereits dort beschrieben.

Berechnung Grundstückswert			
Grundfläche [m²]		1.792	
Grundpreis [€/m²]		450	
Grundstückswert [€]			**806.400 €**
Berechnung Neubauwert der baulichen Anlage			
Fläche Keller / Tiefgarage [m²]		938	
Herstellungskosten Keller / Tiefgarage [€/m²]		975	
Herstellungskosten Keller / Tiefgarage [€]			914.550 €
Wohnfläche [m²]		1.461	
Herstellungskosten Wohnfläche [€/m²]		1.949	
Herstellungskosten Wohnfläche [€]			2.847.489 €
Anteil der Außenanlagen [%]		5	188.102 €
Neubauwert der baulichen Anlage [€]			**3.950.141 €**
Berechnung Bauwert der baulichen Anlage			
Wertminderung wegen Alter (nach *Ross*) [%]	Gesamtnutzungsdauer [a]	60	
	Alter [a]	6	
	%	5,5	
Wertminderung wegen Baumängel/ -schäden [€]		0	
Bauwert der baulichen Anlage [€]			**3.732.883 €**
Berechnung Sachwert			
Wert des Zubehörs	Wohneinheiten [-]	26	
	Preis / Einheit [€]	5.500	
	Summe Zubehör [€]		143.000 €
Grundstückswert [€]			806.400 €
Sachwert [€]			**4.682.283 €**
Berechnung Verkehrswert			
sonstige wertbeeinflussende Umstände [€]		0	
Verkehrswert [€]			**4.682.283 €**

Tabelle 8-8: Kalkulation – Sachwertverfahren

Die Kalkulation mittels Sachwertverfahren ist in Tabelle 8-8 zu sehen. Im ersten Abschnitt wird der Wert des Grundstücks berechnet. Dieser beträgt etwa 800.000 €.

Im nächsten Abschnitt wird der Neubauwert der baulichen Anlage ermittelt. Dieser setzt sich aus den Errichtungskosten des Untergeschoßes, der Wohnflächen und den anteiligen Kosten der Außenflächen zusammen. Die Errichtung findet zum Bewertungsstichtag statt. Die Kosten entsprechen dabei den Kosten, die ein Objekt gleicher Ausstattung zum jetzigen Zeitpunkt kosten würde. Der Neubauwert beträgt dabei etwa 3.950.000 €.

Beim Bauwert der Anlage werden das Alter und der Zustand des Objektes berücksichtigt. Das Objekt ist erst sechs Jahre alt und entspricht einem sehr guten Zustand, sodass keine Wertminderung wegen Baumängel oder -schäden angesetzt wurde.

Als Funktion der Alterswertminderung wurde eine progressive Abschreibung nach Ross gewählt, da aus empirischen Untersuchungen hervorgeht, dass diese Methode am ehesten der Abnützung von Wohngebäuden entspricht. Der Bauwert des Objektes beträgt etwa 3.750.000 €.

Zur Bestimmung des Sachwertes ist zusätzlich der Wert des Zubehörs notwendig. Als Zubehör wird hier die Küchen- und Badezimmereinrichtung, die in jeder Wohneinheit standardmäßig vorhanden ist, berücksichtigt. Der Wert des Zubehörs ist 143.000 €.

Die Summe von Bodenwert, der Wert der baulichen Anlage und des Zubehörs entspricht dem Sachwert. Dieser ist etwa 4.700.000 €.

Da keine sonstigen wertbeeinflussenden Umstände vorliegen, entspricht der Sachwert dem Verkehrswert des Objektes.

8.2.2 Ertragswertverfahren

In diesem Abschnitt wird der Wert des Objektes mittels Ertragswertverfahrens ermittelt. Dieses Verfahren kommt besonders häufig dann zum Einsatz, wenn es sich um Miet- oder Pachtobjekte handelt. Der Fokus liegt auf den Erträgen und den laufenden Ausgaben zur Bewirtschaftung. Die Differenz wird über die Nutzungsdauer kapitalisiert und ergibt somit den Ertragswert. Zum besseren Verständnis des Verfahrens ist der Ablauf schematisch in Abbildung 8-7 dargestellt.

Über den jeweiligen Berechnungsschritten sind die dazugehörigen Eingangsparameter dargestellt. Im weiteren Verlauf wird die Wahl der Eingangsparameter begründet und mittels eines Berechnungsblattes der Verkehrswert ermittelt.

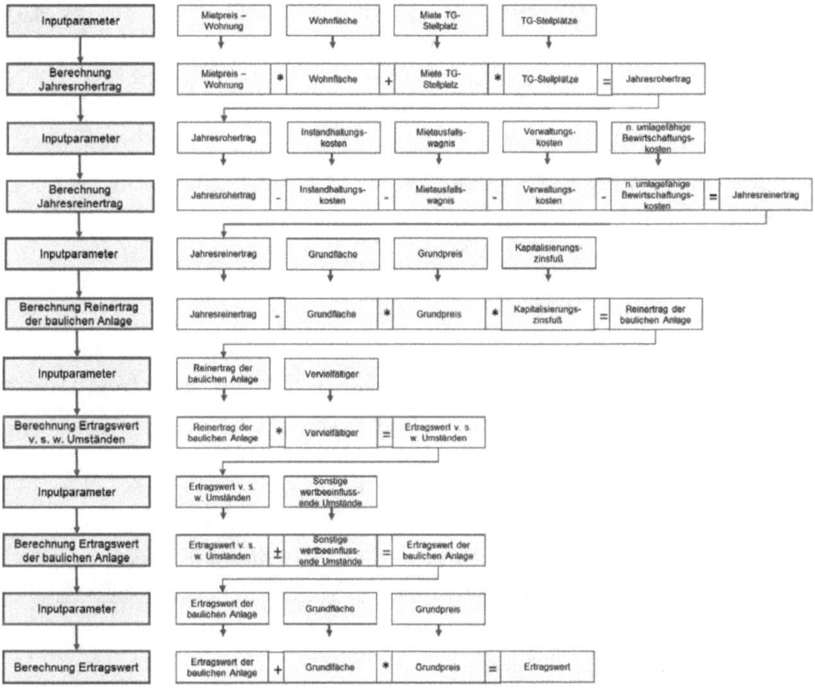

Abbildung 8-7: Schematischer Ablauf – Ertragswertverfahren

8.2.2.1 Mietpreis – Wohnung

Die durchschnittlichen Mietpreise pro m² Wohnfläche in Graz betragen zwischen 9 und 10 €/m². Jedoch divergieren diese Werte je nach Bezirk.

Im Bezirk Waltendorf, wo sich das zu bewertende Objekt befindet, ist die durchschnittliche Miete pro m² Wohnfläche 12,05 €/m². Daraus lässt sich ableiten, dass besonders in diesem Bezirk eher Wohnungen im hochpreisigen Segment anzufinden sind.[165]

Der durchschnittliche Mietpreis der Wohnanlage beträgt 10,47 €/m². Damit liegt der Mietpreis unter dem Bezirksdurchschnitt und über dem Schnitt der gesamten Stadt. Für die Berechnung des Ertragswertes wird jedoch auf den tatsächlichen Mietpreis zurückgegriffen, da dieser mit den aktuellen Verträgen am besten die tatsächlichen Einnahmen darstellt.

8.2.2.2 Miete TG-Stellplatz

Für die Tiefgaragenstellplätze wird jeweils eine Miete von 58 €/Mo angesetzt. Dies entspricht einer durchschnittlichen Miete für TG-Stellplätze.

8.2.2.3 Wohnfläche

Die Wohnfläche entspricht der Summe der Flächen aus Tabelle 8-4. Die gesamte Wohnfläche beträgt 1.461 m².

8.2.2.4 TG-Stellplätze

In der gesamten Garage befinden sich 58 Stellplätze für mehrere Häuser. Dem zu bewertenden Objekt sind 25 Stellplätze zugehörig.

---

[165] Vgl. https://www.immobilienscout24.at/ratgeber/immobilienbewertung/mietpreise/graz.html. Datum des Zugriffs: 01.Dezember.2018

8.2.2.5 Instandhaltungskosten

Kranewitter gibt an, dass bei neuen Wohnhäusern Instandhaltungskosten von 0,5 % des Herstellungswertes anzusetzen sind.[166]

Bienert gibt für die Instandhaltungskosten eine Bandbreite von 0,5 bis 1,5 % der Herstellungskosten an.[167]

Bei dem Objekt handelt es sich um eine gute Bauausführung, mit qualitativ hochwertigen Materialien, die eine gewisse Langlebigkeit garantieren und weniger Instandhaltungsintensiv sind. Dadurch werden für die Instandhaltungskosten 0,5 % der Herstellungskosten angesetzt.

Als Richtwert für die Neubaukosten wird der Wert aus dem zuvor angewandten Sachwertverfahren entnommen (siehe Tabelle 8-8). Der Neubauwert der baulichen Anlage beträgt hierbei in etwa 3.950.000 €.

8.2.2.6 Mietausfallswagnis

Das Mietausfallswagnis deckt das Risiko, dass Wohneinheiten für eine bestimmte Zeit leer stehen bis ein neuer Mieter gefunden wird.

Kranewitter gibt für Wohngebäude einen Wagniszuschlag von 3 bis 5 % des Jahresrohertrags an, in Abhängigkeit der Mieterstruktur und -bonität.[168]

Bienert setzt erfahrungsgemäß bei Wohnobjekten ein Mietausfallswagnis von 2 % des Jahresrohertrags an.[169]

Für die Berechnung wird ein Mietausfallswagnis von 3 % des Jahresrohertrags gewählt. Zum jetzigen Zeitpunkt ist das Objekt, bis auf eine Wohneinheit, nahezu voll vermietet. Die Mietverträge laufen noch

---

[166]Vgl. KRANEWITTER, H.: Liegenschaftsbewertung, 6.Auflage. S. 91

[167]Vgl. BIENERT, S.: Ertragswertverfahren. In: Immobilienbewertung Österreich. S. 349

[168]Vgl. KRANEWITTER, H.: Liegenschaftsbewertung, 6.Auflage. S. 91

[169]Vgl. BIENERT, S.: Ertragswertverfahren. In: Immobilienbewertung Österreich. S. 351

großteils länger als drei Jahre wodurch die Einnahmen mittelfristig gesichert sind.

Durch den moderaten Mietzins, im Vergleich zum Bezirksdurchschnitt, wird erwartet, dass sich schnell neue Mieter finden lassen, wenn eine Wohneinheit frei werden sollte.

8.2.2.7 Verwaltungskosten

Kranewitter gibt für die Verwaltungskosten 3 bis 8 % des Jahresrohertrags an, wenn es sich um mehrere Mieter handelt.[170]

Bienert schlägt vor 3 bis 5 % des Jahresrohertrags für Verwaltungskosten anzusetzen. In größeren Gemeinden oder Städten sind die Kosten für gewöhnlich höher.[171]

Als Ansatz für die Berechnung werden 5 % des Jahresrohertrags genommen.

8.2.2.8 Nicht umlagefähige Betriebskosten

Aus den zur Verfügung stehenden Unterlagen geht nicht hervor, ob nicht umlagefähige Betriebskosten anzusetzen sind. Es wird angenommen, dass die durch den Leerstand von TG-Plätzen und Wohnungen verursachten Betriebskosten marginal sind und das Ergebnis nicht wesentlich beeinflussen.

8.2.2.9 Grundfläche

Die Grundfläche ergibt sich aus dem Grundbuch bzw. entspringt der Vermessung in GIS-Steiermark. Die Grundfläche entspricht dem Wert aus Tabelle 8-4. Die Fläche beträgt 1.792 m².

---

[170] Vgl. KRANEWITTER, H.: Liegenschaftsbewertung, 6.Auflage. S. 89

[171] Vgl. BIENERT, S.: Ertragswertverfahren. In: Immobilienbewertung Österreich. S. 350

8.2.2.10 Grundpreis

Der anzusetzende Grundpreis wird für gewöhnlich mittels Vergleichswertverfahren ermittelt. Dazu werden die Kaufpreise von Grundstücken mit ähnlichen Eigenschaften, die zeitnah verkauft wurden, herangezogen. Sowohl die Grundbuchsauszüge, als auch die Kaufpreisauskünfte sind in den zuständigen Bezirksgerichten entgeltlich erhältlich. Durch die Kaufpreisauskünfte kann ein Preis für das zu bewertende Grundstück ermittelt werden.

Für diese Arbeit stehen keine Kaufpreisauskünfte des Bezirksgerichtes zur Verfügung. Aus dem Gespräch mit dem Eigentümer geht hervor, dass in dieser Lage und gegebener Bebauungsdichte im Bezirk Waltendorf Preise von ca. 450 €/m² zu erwarten sind.

8.2.2.11 Kapitalisierungszinsfuß

Der Kapitalisierungszinsfuß ist ein Maß für die Rendite welche die Investition abwirft. Die Höhe der Rendite und auch des Liegenschaftszinssatzes sind abhängig vom damit verbundenen Risiko. Je größer das Risiko, desto höher fällt der Kapitalisierungszinsfuß aus und umgekehrt dasselbe. Grundsätzlich sind Wohnimmobilien risikoärmer als Gewerbe- oder Industrieimmobilien.[172]

Der Kapitalisierungszinsfuß für die Berechnung entspringt der Tabelle 8-9. Die jährliche Empfehlung des Hauptverbandes allgemein beeideter und gerichtlich zertifizierter Sachverständiger gibt Bandbreiten für die Kapitalisierungszinsfüße in Abhängigkeit des Objekttyps und unterschiedlichen Lagen an.

---

[172]Vgl. KRANEWITTER, H.: Liegenschaftsbewertung, 6.Auflage. S. 94

LIEGENSCHAFTSART	LAGE			
	hochwertig	sehr gut	gut	mäßig
Wohnliegenschaft	1,0 - 3,0 %	2,0 - 4,0 %	3,0 - 5,0 %	3,5 - 5,5 %
Büroliegenschaft	3,0 - 5,5 %	4,0 - 6,0 %	4,5 - 6,5 %	5,0 - 7,0 %
Geschäftsliegenschaft	4,0 - 6,0 %	4,5 - 6,5 %	5,0 - 7,0 %	5,5 - 7,5 %
Einkaufszentrum, Supermarkt	4,5 - 7,5 %	5,0 - 8,0 %	5,5 - 8,5 %	6,0 - 9,0 %
Gewerblich genutzte Liegenschaft	5,0 - 8,0 %	5,5 - 8,5 %	6,0 - 9,0 %	6,5 - 9,5 %
Industrieliegenschaft	5,0 - 9,0 %	5,5 - 9,5 %	6,0 - 10,0 %	6,5 - 10,5 %
Landwirtschaftliche Liegenschaften	1,5 % bis 3,5 %			
Forstwirtschaftliche Liegenschaften	1,0 % bis 3,0 %			

Tabelle 8-9: Auswahl Kapitalisierungszinsfuß 2018[173]

Wie aus Abschnitt 8.1.3 hervorgeht, ist die Lage des zu bewertenden Objektes als sehr gut einzuschätzen. Das Objekt befindet sich einer ruhigen Sackgasse, somit ist die Verkehrsbelastung auf reinen Anrainerverkehr beschränkt.

Infrastruktur für das tägliche Leben wie Einkaufsmöglichkeiten, eine Bank, eine Apotheke und diverse Restaurants sind innerhalb eines kurzen Fußwegs erreichbar. Die Anbindung an den öffentlichen Verkehr ist auch mit einem 7-minütigen Fußweg gegeben.

Der Kapitalisierungszinsfuß, unter den Bedingungen, dass es sich um eine Wohnliegenschaft in sehr guter Lage handelt, liegt in dem Bereich von 2 bis 4 %. Der gewählte Zinsfuß für die Berechnung ist 2,5 %. Durch die für die Lage eher niedrig angesetzten Mietpreise ergibt sich ein geringes Risiko, dass die Einnahmen durch Leerstand ausfallen.

8.2.2.12 Vervielfältiger

Bei dem erwirtschafteten Reinertrag handelt es sich um eine jährlich nachschüssige Rente und der Vervielfältiger ist ein Rentenbarwertfaktor mit dem die Höhe der Rente ermittelt wird. Dieser errechnet sich aus dem Kapitalisierungszinsfuß und der Restnutzungsdauer

[173] In Anlehnung an HAUPTVERBAND DER ALLGEMEIN BEEIDETEN UND GERICHTLICH ZERTIFIZIERTEN SACHVERSTÄNDIGEN ÖSTERREICHS: Empfehlung der Kapitalisierungszinssätze für Liegenschaftsbewertungen 2018. In: Sachverständige, 2/2018. S. 83

des Objektes. Die Formel zur Ermittlung des Kapitalisierungszinsfußes ist folgende:

$$V = \frac{q^n - 1}{q^n \cdot (q - 1)} \qquad (7)$$

Mit: q = 1 + i

V = Vervielfältiger

n = Anzahl der Jahre

p = Kapitalisierungszinssatz

i = p / 100

Als Gesamtnutzungsdauer (GND) gibt *Kranewitter* für Miet- und Eigentumswohngebäude eine wirtschaftliche Nutzungsdauer von 60-80 Jahre an.[174] Aufgrund der sich schnell ändernden Technologien und den wachsenden Anforderungen an das Wohnobjekt wird eine GND von 60 Jahren gewählt. Das Alter des Objektes ist sechs Jahre. Der Faktor n (Anzahl der Jahre) beträgt somit 54 Jahre.

Der Kapitalisierungszinsfuß ist bereits in Abschnitt 8.2.2.11 definiert worden und beträgt 2,5 %. Der Vervielfältiger beträgt mit den angenommenen Werten 29,46.

8.2.2.13 Sonstige wertbeeinflussende Umstände

Im C-Blatt des Grundbuches ist nur eine Dienstbarkeit eingetragen. Diese besteht über die Duldung, Errichtung, Erhaltung und Betrieb einer Fernwärmeleitung der Energie Steiermark. Diese wird nicht als wertbeeinflussender Umstand in der Berechnung angesetzt.

---

[174] Vgl. KRANEWITTER, H.: Liegenschaftsbewertung, 6.Auflage. S. 74

8.2.2.14 Ertragswertermittlung

Das Ablaufschema aus Abbildung 8-7 wird hier in einer Excel-Tabelle umgesetzt. Die Eingangsparameter stammen aus den vorherigen Abschnitten und sind bereits dort beschrieben.

	Berechnung Jahresrohertrag		
Mietpreis - Wohnung [€/m²/Mo]		10,47	
Wohnfläche [m²]		1.461	
Miete TG-Stellplatz [€/Stk./Mo]		58	
Stellplätze [-]		25	
Jahresrohertrag [€]			**200.960 €**
	Berechnung Jahresreinertrag		
Instandhaltungskosten [% von Nbw. der baulichen Anlage]	Neubauwert der baulichen Anlage [€]	3.950.000	
	%	0,5	19.750 €
Mietausfallswagnis [% von Jahresrohertrag]		3	6.029 €
Verwaltungskosten [% von Jahresrohertrag]		5	10.048 €
n. umlagefähige Betriebskosten [€]		0	
Jahresreinertrag [€]			**165.133 €**
	Berechnung Reinertrag der baulichen Anlage		
Grundfläche [m²]		1.792	
Grundpreis [€/m²]		450	
Kapitalisierungszinsfuß [%]		2,5	
Reinertrag der baulichen Anlage [€]			**144.973 €**
	Berechnung Ertragswert vor sonstigen wertbeeinflussenden Umständen		
Verviel-fältiger [-]	Gesamtnutzungsdauer [a]	60	
	Alter [a]	6	
	Kapitalisierungszinsfuß [%]	2,5	29,46
Ertragswert v. s. w. Umständen [€]			**4.270.912 €**
	Berechnung Ertragswert der baulichen Anlage		
sonstige wertbeeinflussende Umstände [€]		0	
Ertragswert der baulichen Anlage [€]			**4.270.912 €**
	Berechnung Ertragswert		
Grundfläche [m²]		1.792	
Grundpreis [€/m²]		450	
Ertragswert [€]			**5.077.312 €**

Tabelle 8-10: Kalkulation – Ertragswertverfahren

Tabelle 8-10 enthält die Kalkulation nach dem Ertragswertverfahren. Als erstes wird der Jahresrohertrag errechnet, der sich aus dem Anteil durch Wohnen und dem Anteil durch die Vermietung der Tiefgarage zusammensetzt. Wichtig hierbei ist, dass es sich um den Jahresrohertrag handelt und die Mieteinnahmen monatlich sind. Diese werden 12-mal im Jahr erwirtschaftet. Als Jahresrohertrag ergeben sich etwa 200.000 €.

Um zu dem Jahresreinertrag zu kommen, werden die Bewirtschaftungskosten vom Jahresrohertrag abgezogen. Die Bewirtschaftungskosten setzen sich aus den Instandhaltungskosten (0,5 % vom Neubauwert der baulichen Anlage), dem Mietausfallswagnis (3 % vom Jahresrohertrag), den Verwaltungskosten (5 % des Jahresrohertrags) und den nicht umlagefähigen Betriebskosten (in diesem Fall sind keine angesetzt) zusammen. Der Jahresreinertrag beträgt somit etwa 160.000 €.

Um auf den Reinertrag der baulichen Anlage zu kommen, wird die Bodenwertverzinsung abgezogen. Der Boden verliert keinen Wert und wird deswegen als ewige Rente berechnet. Der Reinertrag der baulichen Anlage ist etwa 140.000 €.

Der Ertragswert vor sonstigen wertbeeinflussenden Umständen errechnet sich, in dem der Reinertrag der baulichen Anlage mit dem Vervielfältiger multipliziert wird. Der Vervielfältiger nimmt einen Wert von 29,46 an bei einer Restnutzungsdauer von 54 Jahren und einen Kapitalisierungszinsfuß von 2,5 %. Der Ertragswert v. s. w. Umständen ist dann etwa 4.300.000 €.

Für den Ertragswert der baulichen Anlage wird von dem Ertragswert v. s. w. Umständen, der Wert der sonstigen wertbeeinflussenden Umstände abgezogen. In diesem Fall sind keine solchen Umstände bekannt und somit sind die beiden Werte ident.

Der Ertragswert ist die Summe aus dem Bodenwert und des Ertragswertes der baulichen Anlage. Der sich ergebende Ertragswert ist etwa 5.100.000 €.

8.2.3DCF-Verfahren

In diesem Abschnitt wird der Wert des Objektes mittels DCF-Verfahren ermittelt. Dieses Verfahren kommt besonders dann zum Einsatz wenn es sich um Investitionsobjekte handelt. Der Fokus liegt auf den Erträgen und den laufenden Ausgaben zur Bewirtschaftung. Der Ablauf ist in zwei Phasen gegliedert.

In der ersten Phase, auch Detailbetrachtungsphase genannt, werden die Erträge und Ausgaben periodengerecht ermittelt und auf den Bewertungsstichtag diskontiert. Am Ende des Detailbetrachtungszeitraums und Beginn der Phase zwei wird das Objekt fiktiv veräußert.

Der Cash-Flow des letzten Jahres wird als ewige Rente kapitalisiert (vereinfachtes Ertragswertverfahren) und anschließend auf den Bewertungsstichtag diskontiert. Die Summe der Ergebnisse aus Phase eins und zwei ergeben den Marktwert des Objektes.

Zum besseren Verständnis des Verfahrens ist der Ablauf schematisch in Abbildung 8-8 dargestellt.

Über den jeweiligen Berechnungsschritten sind die dazugehörigen Eingangsparameter dargestellt. Im weiteren Verlauf wird die Wahl der Eingangsparameter begründet und mittels eines Berechnungsblattes der Verkehrswert ermittelt.

Abbildung 8-8: Ablaufschema – DCF-Verfahren

8.2.3.1 Mietpreis – Wohnung

Die durchschnittlichen Mietpreise pro m² Wohnfläche in Graz betragen zwischen 9,00 und 10 €/m². Jedoch divergieren die Werte je nach Bezirk.

Im Bezirk Waltendorf, wo sich das zu bewertende Objekt befindet, ist die durchschnittliche Miete pro m² Wohnfläche etwa 12 €/m². Daraus lässt sich ableiten, dass besonders in diesem Bezirk eher Wohnungen im hochpreisigen Segment anzufinden sind.[175]

---

[175] Vgl. https://www.immobilienscout24.at/ratgeber/immobilienbewertung/mietpreise/graz.html. Datum des Zugriffs: 01.Dezember.2018

Der durchschnittliche Mietpreis der Wohnanlage beträgt 10,47 €/m². Damit liegt der Mietpreis unter dem Bezirksdurchschnitt und über dem Schnitt der gesamten Stadt. Für die Berechnung des Ertragswertes wird jedoch auf den tatsächlichen Mietpreis zurückgegriffen, da dieser die Einnahmen mit den vorhandenen Verträgen am besten wiederspiegelt.

8.2.3.2 Miete TG-Stellplatz

Für die Tiefgaragenstellplätze wird jeweils eine Miete von 58 €/Mo angesetzt. Dies entspricht einer durchschnittlichen Miete für TG-Stellplätze.

8.2.3.3 Wohnfläche

Die Wohnfläche entspricht der Summe der Flächen aus Tabelle 8-4. Die gesamte Wohnfläche beträgt 1.461 m².

8.2.3.4 TG-Stellplätze

In der gesamten Garage befinden sich 58 Stellplätze für mehrere Häuser. Dem zu bewertenden Objekt sind 25 Stellplätze zugehörig.

8.2.3.5 Instandhaltungskosten

Kranewitter gibt an, dass bei neuen Wohnhäusern Instandhaltungskosten von 0,5 % des Herstellungswertes anzusetzen sind.[176]

Bienert gibt für die Instandhaltungskosten eine Bandbreite von 0,5 bis 1,5 % der Herstellungskosten an.[177]

Bei dem Objekt handelt es sich um eine gute Bauausführung, mit qualitativ hochwertigen Materialien, die eine gewisse Langlebigkeit garantieren und weniger Instandhaltungsintensiv sind. Dadurch werden

---

[176] Vgl. KRANEWITTER, H.: Liegenschaftsbewertung, 6.Auflage. S. 91

[177] Vgl. BIENERT, S.: Ertragswertverfahren. In: Immobilienbewertung Österreich. S. 349

für die Instandhaltungskosten 0,5 % der Herstellungskosten angesetzt.

Als Richtwert für die Neubaukosten wird der Wert aus dem zuvor angewandten Sachwertverfahren entnommen (siehe Tabelle 8-8). Der Neubauwert der baulichen Anlage beträgt hierbei in etwa 3.950.000 €.

8.2.3.6 Mietausfallswagnis

Das Mietausfallswagnis deckt das Risiko, dass Wohneinheiten für eine bestimmte Zeit leer stehen, bis ein neuer Mieter gefunden wird.

Kranewitter gibt für Wohngebäude einen Wagniszuschlag von 3 bis 5 % des Jahresrohertrags an, in Abhängigkeit der Mieterstruktur und -bonität.[178]

Bienert setzt erfahrungsgemäß bei Wohnobjekten ein Mietausfallswagnis von 2 % des Jahresrohertrags an.[179]

Für die Berechnung wird ein Mietausfallswagnis von 3 % des Jahresrohertrags gewählt. Zum jetzigen Zeitpunkt ist das Objekt, bis auf eine Wohneinheit, nahezu voll vermietet. Die Mietverträge laufen noch großteils länger als drei Jahre, wodurch die Einnahmen mittelfristig gesichert sind.

Durch den moderaten Mietzins im Vergleich zum Bezirksdurchschnitt, wird erwartet, dass sich schnell neue Mieter finden lassen, wenn eine Wohneinheit frei werden sollte.

---

[178]Vgl. KRANEWITTER, H.: Liegenschaftsbewertung, 6.Auflage. S. 91

[179]Vgl. BIENERT, S.: Ertragswertverfahren. In: Immobilienbewertung Österreich. S. 351

8.2.3.7 Verwaltungskosten

Kranewitter gibt für die Verwaltungskosten 3 bis 8 % des Jahresrohertrags an, wenn es sich um mehrerer Mieter handelt.[180]

Bienert schlägt vor 3 bis 5 % des Jahresrohertrags für Verwaltungskosten anzusetzen. In größeren Gemeinden oder Städten sind die Kosten für gewöhnlich höher.[181]

Als Ansatz für die Berechnung werden 5 % des Jahresrohertrags genommen.

8.2.3.8 Nicht umlagefähige Betriebskosten

Aus den zur Verfügung stehenden Unterlagen geht nicht hervor, ob nicht umlagefähige Betriebskosten anzusetzen sind. Es wird angenommen, dass die durch den Leerstand von TG-Plätzen und Wohnungen verursachten Betriebskosten marginal sind und das Ergebnis nicht beeinflussen.

8.2.3.9 Diskontierungszinssatz

Zur Herleitung des Diskontierungszinssatzes gibt es mehrere Verfahren. Als Ansatz für diese Berechnung wird das Zuschlagsverfahren gewählt (siehe Abbildung 8-9). Aufbauend auf den Basiszinssatz in Abhängigkeit der Nutzungsart werden Zuschläge addiert. Die Immobilie wird in vier Kategorien bewertet – der Illiquidität, betreffend dem Objekt, der Mikro- und der Makrolage. Die Einschätzung basiert auf dem Schulnotensystem von sehr gut bis ungenügend.

---

[180]Vgl. KRANEWITTER, H.: Liegenschaftsbewertung, 6.Auflage. S. 89

[181]Vgl. BIENERT, S.: Ertragswertverfahren. In: Immobilienbewertung Österreich. S. 350

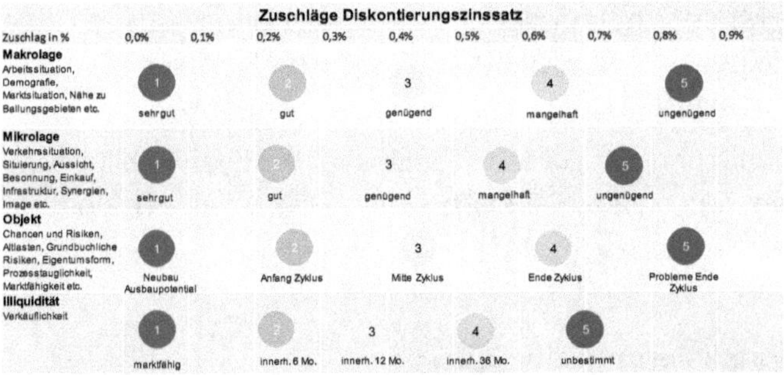

Abbildung 8-9: Zuschlagsverfahren – Diskontierungszinssatz[182]

Als Basiszinssatz wird ein risikofreier Zinssatz genommen. Ein geeigneter Index in Österreich sind die Renditen österreichischer Bundesanleihen, welche seit dem Jahr 2015 hierfür verwendet werden. Diese lösen die davor benutzten Sekundärmarktrenditen ab. Die gemittelte Rendite der letzten 10 Jahre beträgt etwa 1,4 %.[183] Da davon ausgegangen werden kann, dass sich das Zinsniveau in den nächsten 10 Jahren nach oben hin ändert, wird hierfür ein Zuschlag von 0,5 % angesetzt. Die weiteren Zuschläge werden durch die Zuschlagsätze in Abbildung 8-9 ermittelt.

In der Kategorie Illiquidität (Verkäuflichkeit) wird angenommen, dass sich das Objekt innerhalb von 6 Monaten verkaufen lässt. Somit beträgt der Zuschlag 0,2 %.

Das Objekt befindet sich mit dem Alter von sechs Jahren noch am Anfang seines Lebenszykluses. Der Zuschlag hierfür beträgt 0,2 %.

Die Mikrolage des Objektes wird als gut eingeschätzt. In näherer Umgebung sind Nahversorger, Restaurants, eine Bank und eine Apotheke. Die Anbindung an den öffentlichen Verkehr ist wenige 100 m entfernt. Durch die Lage in eine Sackstraße herrscht nur Anrainerverkehr. Der Zuschlag beträgt 0,2 %.

---

[182] In Anlehnung an https://baumgartner-im.ch/diskontierungszinssatz-herleiten/. Datum des Zugriffs: 06.Dezember.2018

[183] Vgl. https://www.oenb.at/Statistik/Standardisierte-Tabellen/zinssaetze-und-wechselkurse/renditen-oesterreichischer-bundesanleihen.html. Datum des Zugriffs: 6.März.2019

Die Makrolage ist sehr gut. In der Stadt gibt es genug Arbeitsplätze und unterliegt einem großen Zuzug aus anderen Bezirken. Der Zuschlag beträgt somit 0,1 %.

Unter Berücksichtigung des Basiszinssatzes für Wohnimmobilien und den ermittelten Zuschlägen beträgt der Diskontierungszinssatz 2,6 %.

8.2.3.10 Kapitalisierungszinsfuß

Der Kapitalisierungszinsfuß ist ein Maß für die Rendite, welche die Investition abwirft. Die Höhe der Rendite und auch des Liegenschaftszinssatzes ist abhängig von dem damit verbundenen Risiko. Je größer das Risiko, desto höher fällt der Kapitalisierungszinsfuß aus und umgekehrt dasselbe. Grundsätzlich sind Wohnimmobilien risikoarmer als Gewerbe- oder Industrieimmobilien.[184]

Der Kapitalisierungszinsfuß für die Berechnung entspringt der Tabelle 8-11. Die jährliche Empfehlung des Hauptverbandes allgemein beeideter und gerichtlich zertifizierter Sachverständiger gibt Bandbreiten für die Kapitalisierungszinsfüße in Abhängigkeit des Objekttyps und unterschiedlichen Lagen an.

LIEGENSCHAFTSART	LAGE			
	hochwertig	sehr gut	gut	mäßig
Wohnliegenschaft	1,0 - 3,0 %	2,0 - 4,0 %	3,0 - 5,0 %	3,5 - 5,5 %
Büroliegenschaft	3,0 - 5,5 %	4,0 - 6,0 %	4,5 - 6,5 %	5,0 - 7,0 %
Geschäftsliegenschaft	4,0 - 6,0 %	4,5 - 6,5 %	5,0 - 7,0 %	5,5 - 7,5 %
Einkaufszentrum, Supermarkt	4,5 - 7,5 %	5,0 - 8,0 %	5,5 - 8,5 %	6,0 - 9,0 %
Gewerblich genutzte Liegenschaft	5,0 - 8,0 %	5,5 - 8,5 %	6,0 - 9,0 %	6,5 - 9,5 %
Industrieliegenschaft	5,0 - 9,0 %	5,5 - 9,5 %	6,0 - 10,0 %	6,5 - 10,5 %
Landwirtschaftliche Liegenschaften	1,5 % bis 3,5 %			
Forstwirtschaftliche Liegenschaften	1,0 % bis 3,0 %			

Tabelle 8-11: Auswahl Kapitalisierungszinsfuß 2018[185]

[184] Vgl. KRANEWITTER, H.: Liegenschaftsbewertung, 6.Auflage. S. 94

[185] In Anlehnung an HAUPTVERBAND DER ALLGEMEIN BEEIDETEN UND GERICHTLICH ZERTIFIZIERTEN SACHVERSTÄNDIGEN ÖSTERREICHS: Empfehlung der Kapitalisierungszinssätze für Liegenschaftsbewertungen 2018. In: Sachverständige, 2/2018. S. 83

Wie aus Abschnitt 8.1.3 hervorgeht, ist die Lage des zu bewertenden Objektes als sehr gut einzuschätzen. Das Objekt befindet sich in einer ruhigen Sackgasse, somit ist die Verkehrsbelastung auf reinen Anrainerverkehr beschränkt.

Infrastruktur für das tägliche Leben wie Einkaufsmöglichkeiten, eine Bank, eine Apotheke und diverse Restaurants sind innerhalb eines kurzen Fußwegs erreichbar, sowie die Anbindung an den öffentlichen Verkehr mit einem 7-minütigen Fußweg.

Der Kapitalisierungszinsfuß, unter den Bedingungen, dass es sich um eine Wohnliegenschaft in sehr guter Lage handelt, liegt in dem Bereich von 2 bis 4 %.

Bei dem DCF-Verfahren wird in der zweiten Phase mittels vereinfachten Ertragswertverfahren der Terminal Value ermittelt. In dem Zinsfuß sind sowohl die Altersabnützung als auch die zunehmende Prognoseunsicherheit durch die Höhe des Zinsfußes zu berücksichtigen.[186] Der gewählte Zinsfuß für die Berechnung ist 3,5 %.

8.2.3.11 Detailbetrachtungszeitraum

Als Länge für den Detailbetrachtungszeitraum werden meistens acht bis 15 Jahre angesetzt. Während dieser Periode können die Ein- und Auszahlungen jährlich berücksichtigt werden. Somit kann z.B. eine Instandhaltungsmaßnahme in fünf Jahren in dem entsprechenden Jahr bei den Instandhaltungsmaßnahmen angesetzt werden.

Den Detailbetrachtungszeitraum länger zu wählen ist nicht zweckmäßig, da, je weiter die Zahlungsströme in der Zukunft liegen, desto unsicherer sind sie in ihrer tatsächlichen Höhe. Für die Berechnung wird ein Detailbetrachtungszeitraum von 10 Jahren gewählt.

[186]Vgl. ÖSTERREICHISCHES NORMUNGSINSTITUT: ÖNORM B1802-2: 2008 12 01: Liegenschaftsbewertung - Teil 2: Discounted-Cash-Flow-Verfahren (DCF-Verfahren). ÖNORM. S. 10

8.2.3.12 DCF-Ermittlung

Das Ablaufschema aus Abbildung 8-8 wird hier in einer Excel-Tabelle umgesetzt. Die Eingangsparameter stammen aus den vorherigen Abschnitten und sind bereits dort beschrieben worden.

Jahr			2019	2020	2021	2022	2023	2024	2025	2026	2027	2028
						Berechnung Jahresrohertrag						
Wohnfläche [m²]		1.461										
Stellplätze [-]		25										
Mietpreis - Wohnung [€/m²/Mo]			10,47	10,47	10,47	10,47	10,47	10,47	10,47	10,47	10,47	10,47
Miete TG-Stellplatz [€/Stk./Mo]			58,00	58,00	58,00	58,00	58,00	58,00	58,00	58,00	58,00	58,00
Jahresrohertrag [€]			**200.960 €**	**200.960 €**	**200.960 €**	**200.960 €**	**200.960 €**	**200.960 €**	**200.960 €**	**200.960 €**	**200.960 €**	**200.960 €**
						Berechnung jährlicher Cash-Flow						
Instandhaltungskosten [% von Nbw. der baulichen Anlage]	Neubauwert der baulichen Anlage [€]	3.950.000										
	%		0,5	0,5	0,5	0,5	0,5	0,5	0,5	0,5	0,5	0,5
Mietausfallswagnis [% von Jahresrohertrag]			3,0	3,0	3,0	3,0	3,0	3,0	3,0	3,0	3,0	3,0
Verwaltungskosten [% von Jahresrohertrag]			5,0	5,0	5,0	5,0	5,0	5,0	5,0	5,0	5,0	5,0
n. umlagefähige Betriebskosten [€]			0	0	0	0	0	0	0	0	0	0
jährlicher Cash-Flow [€]			**165.133 €**	**165.133 €**	**165.133 €**	**165.133 €**	**165.133 €**	**165.133 €**	**165.133 €**	**165.133 €**	**165.133 €**	**165.133 €**
						Berechnung jährlicher Barwert						
Diskontierungszinsfuß [%]		2,6										
Diskontierungsfaktor [-]			0,97466	0,94996	0,92589	0,90242	0,87956	0,85727	0,83554	0,81437	0,79373	0,77362
Barwert [€]			**160.949 €**	**156.870 €**	**152.895 €**	**149.020 €**	**145.244 €**	**141.563 €**	**137.976 €**	**134.479 €**	**131.071 €**	**127.750 €**

Tabelle 8-12: Berechnung Phase 1 – deterministisches Verfahren

In Tabelle 8-12 ist die Detailbetrachtungsphase der Berechnung abgebildet. Für die ersten 10 Jahre der Nutzung sind die Einnahmen und Ausgaben jährlich aufgestellt, um diese den entsprechenden Jahren zuordnen zu können. Die Jahre eins bis 10 werden dann jeweils mit dem Diskontierungszinsfuß von 2,6 % auf den Bewertungsstichtag diskontiert. Die Einnahmen ändern sich über den Zeitraum nicht. Bei gleichbleibenden Mietzins ergeben sich jährlich Einnahmen von etwa 200.000 €.

Da in naher Zukunft keine bestimmten Instandhaltungsmaßen geplant sind, ist für die Instandhaltung ein pauschaler Wert in Abhängigkeit des Neubauwertes angesetzt. Die Instandhaltungskosten betragen 0,5 % des Neubauwertes der baulichen Anlage.

Die Mietverträge laufen noch einige Jahre, deswegen wird für das Mietausfallswagnis ein Wert von 3 % gewählt. Die Verwaltungskosten sind mit 5 % des Jahresrohertrags veranschlagt. Abzüglich der gesamten Bewirtschaftungskosten ergibt sich ein jährlicher Cash-Flow von etwa 165.000 €. Über den Betrachtungszeitraum ist der Cash-Flow konstant.

Berechnung Terminal Value		
Cash-Flow Jahr 10 [€]	165.133 €	
Kapitalisierungszinsfuß [%]	3,5	
Terminal Value [€]		**4.718.092 €**
Berechnung Barwert Terminal Value		
Diskontierungsfaktor [-]	0,77362	
Barwert Terminal Value [€]		**3.650.000 €**
Berechnung Marktwert		
Summe Barwert Detailprognosezeitraum [€]		1.437.817 €
Marktwert		**5.087.817 €**

Tabelle 8-13: Berechnung Phase 2 – deterministisches Verfahren

In Tabelle 8-13 ist die Phase zwei des DCF-Verfahren zu sehen. Zur Ermittlung des Terminal Values wird mittels des Cash-Flows des letzten Jahres, des Detailbetrachtungszeitraums und dem vereinfachten Ertragswertverfahren der Restwert des Gebäudes bei einer theoretischen Veräußerung ermittelt.

Der Cash-Flow des 10-ten Jahres beträgt etwa 165.000 €. Der Kapitalisierungszinsfuß beträgt 3,5 %. Der Terminal Value beträgt somit etwa 4.720.000 €, abgezinst auf den Bewertungsstichtag etwa 3.650.000 €.

Der Marktwert ergibt sich als Summe aus den abgezinsten Cash-Flows der ersten 10 Jahre und dem Terminal Value. Der Marktwert der Liegenschaft beträgt somit etwa 5.090.000 €. Der Wert des Grundstücks ist bereits impliziert. Durch die Wahl des Kapitalisierungs- und Diskontierungszinssatzes entspricht der Wert bereits der aktuellen Marktsituation. Dadurch müssen keine Anpassungen des Marktwertes mehr durchgeführt werden.

8.2.4 Ergebnisse der deterministischen Wertermittlung

Der Verkehrswert der zu bewertenden Liegenschaft ist mittels drei gebräuchlichen Verfahren ermittelt worden. Die Ansätze sind, wie es derzeit üblich ist, deterministisch. Die Größe der Eingangsparameter basieren auf der Einschätzung des Autors. Die hier angenommen Größen wurden mit größtmöglicher Sorgfalt auf die zu bewertende Liegenschaft abgestimmt, jedoch wurde die Bewertung von keinem

Sachverständigen durchgeführt und ist somit als keine offizielle Bewertung anzusehen.

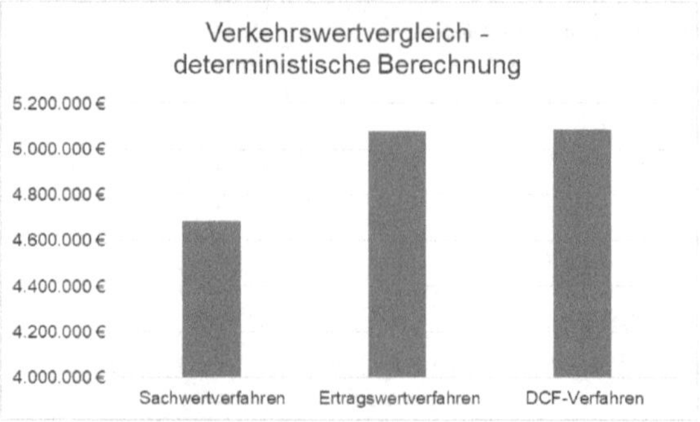

Abbildung 8-10: Verfahrensvergleich – deterministische Berechnung

In Abbildung 8-10 sind die Ergebnisse des Sachwert-, Ertragswert- und DCF-Verfahrens im Vergleich zueinander dargestellt. Der sich ergebende Verkehrswert aus dem Sachwertverfahren ist etwa 4.700.000 €, aus dem Ertragswertverfahren etwa 5.100.000 € und aus dem DCF-Verfahren etwa 5.100.000 €.

Bei dem Objekt handelt es sich um ein Renditeobjekt, welches für die Investoren eine möglichst gute Rendite bringen soll. Bei dem Sachwertverfahren liegt der Fokus auf der Bewertung der Bausubstanz und nicht auf den sich ergebenden Einnahmen. Der Sachwert ist somit ein stabilerer Wert und unterliegt weniger dem Einfluss der zukünftigen Marktsituation, welche bei den beiden anderen Verfahren eine wichtige Einflussgröße ist.

Die Höhe des Ertragswertes und auch des Marktwertes aus dem DCF-Verfahren hängen maßgeblich von der Einschätzung der Marktsituation und in Folge des Kapitalisierungszinsfußes ab.

Durch die derzeitige Marktlage und die günstigen Eigenschaften der Wohnanlage, lässt sich die Abweichung zum Sachwert erklären. Die Einschätzung ist hinsichtlich der Gewinnerwartungen optimistischer.

8.3 Wertermittlung mittels Monte-Carlo-Simulation

Im zweiten Schritt wird der Verkehrswert mittels probabilistischen Ansatz ermittelt. Die Unsicherheiten der Eingangsparameter werden bei der probabilistischen Wertermittlung systematisch in die Berechnung integriert. Am Ende lässt sich der Verkehrswert entsprechend eines Chancen- und Risikoverhältnisses ausdrücken. Das Ergebnis ist nicht mehr eine Zahl, die sich durch die Kombination von den Eingangsparametern ergibt, sondern ein Histogramm.

Für die Monte-Carlo-Simulation werden die Eingangsparameter mittels einer Bandbreite definiert. Dabei werden für jeden Parameter ein minimaler, ein maximaler und ein erwarteter Wert definiert. Der erwartete Wert entspricht dabei dem Expertenwert, den der Parameter am wahrscheinlichsten annimmt. Der erwartete Wert ist somit derselbe Wert, wie bereits zuvor in der deterministischen Berechnung. Damit soll auch die Vergleichbarkeit der Ergebnisse gewährleistet werden.

Als Verteilungsfunktionen werden Dreiecks- und PERT-Verteilungen verwendet (siehe dazu Abschnitt 7.6). Rechtsschiefe Dreiecksverteilungen bilden am besten Expertenwerte ab. Ein Minimum, Maximum und ein erwarteter Wert sind leicht zu bestimmen und verständlich.

Die PERT-Verteilung bildet die Verteilung bei Kosten praktikabel ab, wenn nur die Parameter Minimum, Maximum und erwarteter Wert bestimmt werden können.

Die Monte-Carlo-Simulation führt eine Vielzahl an Iterationen (gewähltes Probenerhebungsverfahren Latin Hypercube mit 50.000 Iterationen) durch und ermittelt eine gleich hohe Anzahl an Ergebnissen, welche als Histogramm anschließend dargestellt werden. Mittels der Verteilungsfunktion lassen sich z.B. Aussagen über die Standardabweichung, den Modalwert, den Mittelwert und die Über- und Unterschreitungswahrscheinlichkeit eines bestimmten Wertes treffen. In Folge können weitere vertiefende Analysen durchgeführt werden.

Bei dem Berechnungsbeispiel werden anschließend Sensitivitätsanalysen durchgeführt, um die Parameter mit dem größten Einfluss auf das Ergebnis zu identifizieren.

Aus Gründen der Vereinfachung werden Korrelationen in der Berechnung nicht berücksichtigt. Es ist sehr schwierig diese festzulegen, da es sich bei den Verteilungen der Eingangsparameter bereits um Annahmen handelt und die Korrelationen davon abhängen.

Zur Anwendung kommen wie bereits bei den deterministischen Verfahren, das Sachwert-, das Ertragswert- und DCF-Verfahren.

8.3.1 Sachwertverfahren – probabilistischer Ansatz

Der Wert des Objektes wird anhand des Sachwertverfahrens ermittelt. Der Fokus des Verfahrens liegt in der Bewertung der Bausubstanz. Zum besseren Verständnis des Verfahrens ist der Ablauf schematisch in Abbildung 8-11 dargestellt.

Über den jeweiligen Berechnungsschritten sind die dazugehörigen Eingangsparameter. Jene, die als unsicher einzustufen sind, werden als Verteilungsfunktion dargestellt, die Parameter, welche einen bestimmten definierten Wert haben, als Pfeil.

Im weiteren Verlauf wird die Wahl der gewählten Eingangsparameter begründet und mittels eines Berechnungsblattes der Verkehrswert ermittelt.

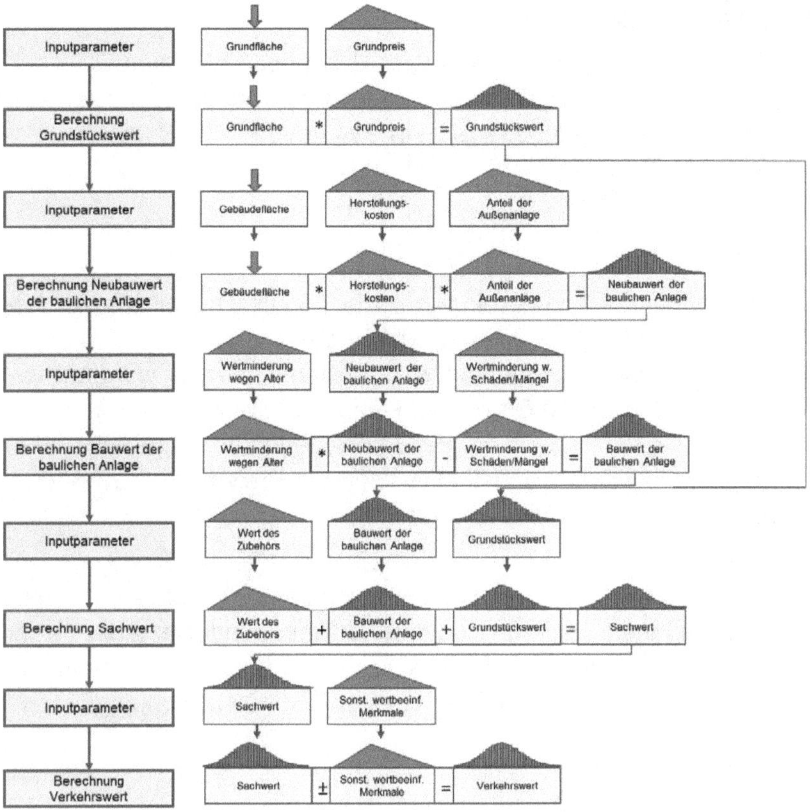

Abbildung 8-11: Schematischer Ablauf – Sachwertverfahren mittels MC-Simulation

8.3.1.1 Grundfläche

Die Grundfläche ergibt sich aus dem Grundbuch bzw. aus GIS-Steiermark. Im Grundbuch ist die Fläche für die Schauensteingasse 4, 6 und 10 gemeinsam eingetragen. Anteilsmäßig für die Schauensteingasse 4 und 6 werden 1.792 m² angesetzt (siehe auch Tabelle 8-4).

8.3.1.2 Grundpreis

Der anzusetzende Grundpreis wird für gewöhnlich mittels Vergleichswertverfahren ermittelt. Dazu werden die Kaufpreise von Grundstücken mit ähnlichen Eigenschaften, die zeitnah verkauft wurden, herangezogen. Sowohl die Grundbuchsauszüge, als auch die Kaufpreisauskünfte sind in den zuständigen Bezirksgerichten entgeltlich erhältlich. Durch die Kaufpreisauskünfte kann ein Preis für das zu bewertende Grundstück ermittelt werden.

Für diese Arbeit stehen keine Kaufpreisauskünfte des Bezirksgerichtes zur Verfügung. Aus dem Gespräch mit dem Eigentümer geht hervor, dass in dieser Lage und gegebener Bebauungsdichte im Bezirk Waltendorf Preise von ca. 450 €/m² zu erwarten sind. Als minimaler Wert wird dabei 420 €/m² und als maximaler 500 €/m² angenommen.

8.3.1.3 Gebäudefläche

Die Wohnfläche und die TG-Fläche sind aus Tabelle 8-4. Die Wohnfläche beträgt etwa 1.461 m² und die TG-Fläche etwa 983 m².

8.3.1.4 Herstellungskosten

Wie bereits in Abschnitt 5.2.2 erklärt, handelt es sich bei den Herstellungskosten um die Normalherstellungskosten. Es werden nicht die tatsächlichen Kosten, die für die Errichtung aufgebracht wurden, angesetzt, sondern die durchschnittlichen Kosten für ein Bauwerk dieser Art.

Die Bauausführung des Objektes ist als hochwertig anzusehen. Die Werte aus Tabelle 8-14 enthalten bereits den Anteil für die Baunebenkosten. Dadurch, dass das Gebäude zu gewerblichen Zwecken errichtet wurde, ist die USt abzuziehen. Die Tabelle ist aus dem Jahr 2010. Die Werte sind noch mittels Baupreisindex an den Bewertungsstichtag anzupassen.

2010	Richtpreis für Herstellungskosten (inkl. Baunebenkosten) bei Mehrwohnungsgebäuden mit üblicher Raumhöhe (2,60 m-2,80 m) €/m² Nutzfläche (inkl. 20 % USt)			
	Ausstattung ohne Installationen	Ausstattung für Wohnzwecke - Hauptgeschosse		
	sehr einfach	einfach	mittel	hoch
Burgenland	748-916	1.164-1.331	1.331-1.626	1.626-2.014
Kärnten	775-949	1.206-1.380	1.380-1.685	1.685-2.087
Niederösterreich	811-993	1.262-1.444	1.444-1.763	1.763-2.184
Oberösterreich	829-1.015	1.290-1.476	1.476-1.802	1.802-2.233
Salzburg	946-1.159	1.473-1.684	1.684-2.057	2.057-2.548
Steiermark	811-993	1.262-1.444	1.444-1.763	1.763-2.184
Tirol	946-1.159	1.473-1.684	1.684-2.057	2.057-2.548
Vorarlberg	991-1.214	1.543-1.765	1.765-2.155	2.155-2.669
Wien	901-1.104	1.403-1.604	1.604-1.959	1.959-2.427

Tabelle 8-14: Richtpreise Herstellungskosten[187]

Der Baupreisindex wird jährlich von der Statistik Austria anhand eines Warenkorbes ermittelt und kann auf der Website abgefragt werden. Der Baupreisindex für den Bewertungsstichtag im Jahr 2018 ist 123,1.[188] Im Jahr 2010 war die Basis 100. Somit ergibt sich eine Preissteigerung von 23,1 %.

Kranewitter empfiehlt für die Herstellungskosten von Keller, Garagen und Nebengebäuden 45-60 % der Richtpreise.[189] Die aus Tabelle 8-14 entnommen Preise müssen an den Bewertungsstichtag mittels Baupreisindex angepasst und von der USt befreit werden.

In Tabelle 8-15 sind die angenommenen Kosten dargestellt. Als erwarteter Wert für den Keller/ die Tiefgarage werden 50 %, als Minimum 45 % und als Maximum 60 % des Richtpreises angenommen. Die erwarteten Kosten der Wohnfläche betragen 1.949 €/m², die minimalen 1.847 €/m² und die maximalen 2.154 €/m² am Bewertungsstichtag.

---

[187] In Anlehnung an KRANEWITTER, H.: Liegenschaftsbewertung, 6.Auflage. S. 299

[188] https://www.statistik.at/web_de/statistiken/wirtschaft/produktion_und_bauwesen/konjunkturdaten/baupreisindex/020628.html. Datum des Zugriffs: 2018.November.26

[189] Vgl. KRANEWITTER, H.: Liegenschaftsbewertung, 6.Auflage. S. 299

	Richtpreis 2010 [€/m²]			Ust [%]	Richtpreis 2010 o. USt [€/m²]			Preissteigerung [%]	Richtpreis 2018 o. USt [€/m²]		
	MIN	ERW	MAX		MIN	ERW	MAX		MIN	ERW	MAX
Wohnfläche	1.800	1.900	2.100	20	1.500	1.583	1.750	23	1.847	1.949	2.154
									% vom Richtpreis		
Keller/ Tiefgarage									45	50	60

Tabelle 8-15: Herstellungskosten am Bewertungsstichtag

Die Richtpreise 2018 ohne USt in Tabelle 8-15 werden in der Sachwertberechnung für die Herstellungskosten angesetzt.

8.3.1.5 Anteil der Außenanlagen

Der Wert der Außenanlagen wird für gewöhnlich in Prozent der Herstellungskosten des Bauwerkes angegeben. *Kranewitter* gibt hierfür Werte zwischen 4 und 6 % an.[190] Die Außenanlagen sind durchschnittlich gestaltet. Dafür wird ein erwarteter Wert von 5 % angenommen. Das Minimum beträgt 4 % und das Maximum 6 %.

8.3.1.6 Wertminderung wegen Alter

Das Objekt wurde im Jahr 2012 fertiggestellt. Aufgrund des Alters ergibt sich eine Abnutzung. Bei Wohngebäuden wurde durch empirische Untersuchungen festgestellt, dass die Altersabnutzung am besten durch die progressive Alterswertminderung nach *Ross* bestimmt werden kann (siehe Abbildung 8-12). Am Beginn der Lebensdauer ist die Abnutzung nur gering und steigt mit zunehmendem Alter.[191] Die Formel für die Alterswertminderung nach *Ross* ist:

$$WM_{PR} = \frac{1}{2} * \left(\frac{A^2}{GND^2} + \frac{A}{GND}\right) * 100 \qquad (6)$$

WM_{PR} = progressive Wertminderung nach *Ross*

A = Alter der baulichen Anlage

GND = Gesamtnutzungsdauer der baulichen Anlage

---

[190] Vgl. KRANEWITTER, H.: Liegenschaftsbewertung, 6.Auflage. S. 81

[191] Vgl. FUNK, M.; KOESSLER, C.; STOCKER, G.: Sachwertverfahren. In: Immobilienbewertung Österreich. S. 289

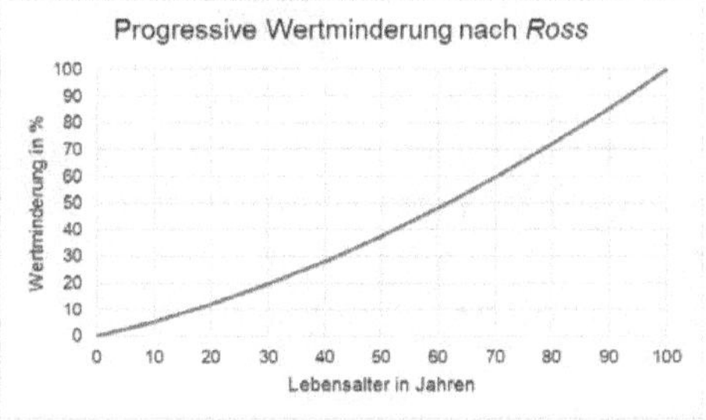

Abbildung 8-12: Progressive Wertminderung wegen Alter nach *Ross*

Als Gesamtnutzungsdauer gibt *Kranewitter* für Miet- und Eigentumswohngebäude eine wirtschaftliche Nutzungsdauer von 60-80 Jahre an.[192] Aufgrund der sich schnell ändernden Technologien und den wachsenden Anforderungen an das Wohnobjekt, wird eine erwartete GND von 60 Jahren gewählt. Die minimale GND beträgt somit ebenfalls 60 Jahre. Als maximale GND werden 80 Jahre angesetzt. Das Alter des Objektes ist sechs Jahre.

8.3.1.7 Wertminderung wegen Bauschäden / -mängel

Bei der Besichtigung des Objektes wurden keine Schäden oder Mängel auf den allgemein zugänglichen Flächen erkannt. Es entspricht alles einem dem Alter entsprechenden Zustand. Die Wohnungen konnten nicht besichtigt werden, da sie alle vermietet sind. Die Anlage ist in einem sehr guten Zustand und es wird keine Wertminderung wegen Bauschäden oder -mängel angesetzt.

8.3.1.8 Wert des Zubehörs

In jeder Wohneinheit befindet sich eine Einbauküche vom Tischler, die immer jeweils auf eine Seitenlänge angepasst wird. Enthalten sind alle Elektrogeräte. Dazu zählen ein Kühl-/ Gefrierschrankkombie, ein Geschirrspüler und ein Herd mit Ceranfeld. Als erwarteter Wert wird

---

[192]Vgl. KRANEWITTER, H.: Liegenschaftsbewertung, 6.Auflage. S. 74

hier 4.000 € pro Wohneinheit angesetzt. Als Minimum 3.000 € und als Maximum 5.500 €.

Im Badezimmer befinden sich eine ebenerdige Glasduschkabine und ein Waschbecken mit Unterschrank sowie einem Spiegelschrank darüber. Hierfür wird als erwarteter Wert 1.500 € pro Wohneinheit angesetzt. Als Minimum 1.000 € und als Maximum 2.000 €.

8.3.1.9 Sonstige wertbeeinflussende Umstände

Im C-Blatt des Grundbuches ist nur eine Dienstbarkeit eingetragen. Diese besteht über die Duldung, Errichtung, Erhaltung und Betrieb einer Fernwärmeleitung der Energie Steiermark. Diese wird nicht als wertbeeinflussender Umstand in der Berechnung angesetzt.

8.3.1.10 Sachwertermittlung

Das Ablaufschema aus Abbildung 8-11 wird hier in einer Excel-Tabelle umgesetzt. Die Eingangsparameter stammen aus den vorherigen Abschnitten und sind bereits dort beschrieben.

Lfd. Nr.	Berechnung Grundstückswert					
0	A		B	C	D	E
1			MIN	ERW	MAX	Verteilung
2	Grundfläche [m²]			1.792		1.792
3	Grundpreis [€/m²]		420	450	500	450
4	**Grundstückswert [€]**					**806.400 €**
5	**Berechnung Neubauwert der baulichen Anlage**					
6	Fläche Keller / Tiefgarage [m²]			938		938
7	Herstellungskosten Keller /Tiefgarage [€/m²]		877	975	1.169	975
8	Herstellungskosten Keller /Tiefgarage [€]					914.550 €
9	Wohnfläche [m²]			1.461		1.461
10	Herstellungskosten Wohnfläche [€/m²]		1.847	1.949	2.154	1.949
11	Herstellungskosten Wohnfläche [€]					2.847.489 €
12	Anteil der Außenanlagen [%]		4	5	6	188.102 €
13	**Neubauwert der baulichen Anlage [€]**					**3.950.141 €**
14	**Berechnung Bauwert der baulichen Anlage**					
15	Wertminderung wegen Alter (nach *Ross*) [%]	Gesamtnutzungsdauer [a]	60	60	80	60
		Alter [a]		6		6
		[%]				5,5
16	Wertminderung wegen Baumängel/ -schäden [€]			0		
17	**Bauwert der baulichen Anlage [€]**					**3.732.883 €**
18	**Berechnung Sachwert**					
19	Wert des Zubehörs	Wohneinheiten [-]		26		
		Preis/Einheit [€]	4.000	5.500	7.500	5.500
		Summe Zubehör [€]				143.000 €
20	Grundstückswert [€]					806.400 €
21	**Sachwert [€]**					**4.682.283 €**
22	**Berechnung Verkehrswert**					
23	sonstige wertbeeinflussende Umstände [€]			0		0
24	**Verkehrswert [€]**					**4.682.283 €**

Tabelle 8-16: Kalkulation – Sachwertverfahren mittels MC-Simulation

In Tabelle 8-16 sind die Eingangsparameter für die Berechnung zu sehen. In den Spalten B ist das jeweilige Minimum des Parameters, in der Spalte C der erwartete Wert, in der Spalte D der maximale Wert dargestellt. In der Spalte E ist die entsprechende Verteilungsfunktion. Für alle Verteilungen, außer den Herstellungskosten der Wohnfläche und der Tiefgarage wurden Dreiecksverteilungen hinterlegt. Die Herstellungskosten sind durch PERT-Verteilungen beschrieben.

Die abzulesenden Ergebnisse der Berechnung in Spalte E stellen die Ergebnisse mittels der definierten Verteilung dar.[193]

Durch die unsicheren Eingangsparameter, die als Verteilungsfunktion beschrieben werden, ergeben sich auch bei der Ausgabe Verteilungen.

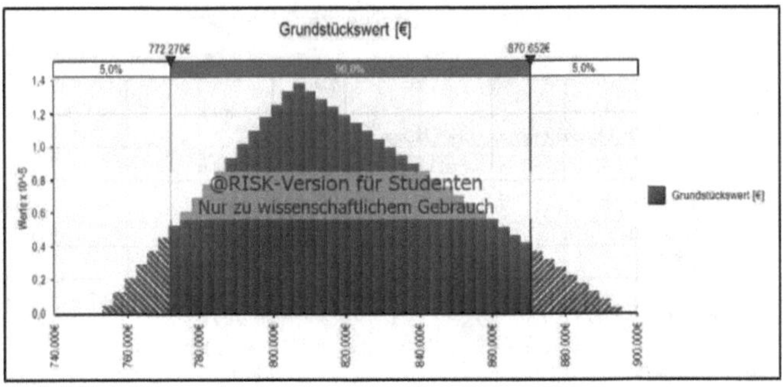

Abbildung 8-13: Grundstückswert – Berechnung mittels MC-Simulation

In Abbildung 8-13 ist das Histogramm des Grundstückswertes ersichtlich. Der Grundstückswert liegt mit einer 90%iger Wahrscheinlichkeit zwischen etwa 770.000 € und etwa 870.000 €.

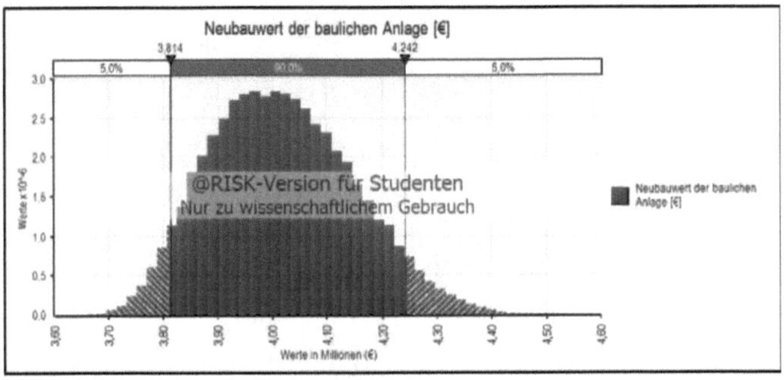

Abbildung 8-14: Neubauwert der baulichen Anlage [€] – Berechnung mittels MC-Simulation

193 Bei der Definition der Eingangsparameter wurde die Funktion RiskStatic verwendet. Standardmäßig werden die angezeigten Ergebnisse der Berechnung mittels der Mittelwerte der definierten Funktionen ermittelt. Bei Verwendung von RiskStatic werden die angezeigten Ergebnisse mit den definierten statischen Werten berechnet. Dafür wurden hier die erwarteten Werte verwendet, um eine Vergleichbarkeit mit den deterministischen Berechnungen zu ermöglichen.

Wie in Abbildung 8-14 ersichtlich, liegt der Neubauwert der baulichen Anlage mit einer 90%igen Wahrscheinlichkeit zwischen etwa 3.810.000 € und 4.240.000 €.

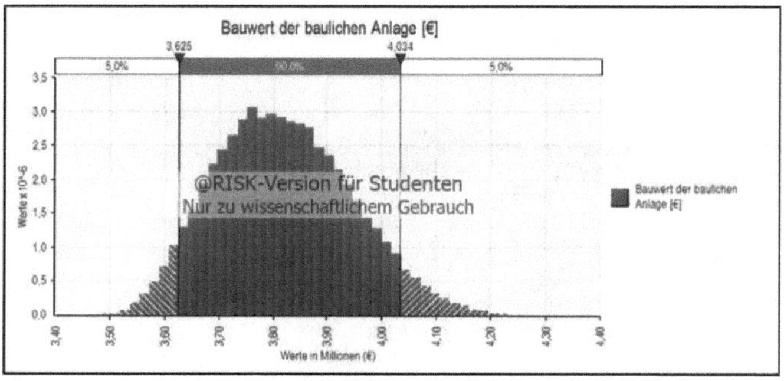

Abbildung 8-15: Bauwert der baulichen Anlage – Berechnung mittels MC-Simulation

Der Bauwert der baulichen Anlage liegt mit einer 90%igen Wahrscheinlichkeit zwischen etwa 3.630.000 € und etwa 4.030.000 € (zu sehen in Abbildung 8-15).

Da es keine sonstigen wertbeeinflussenden Umstände gibt, sind der Sachwert und der Verkehrswert ident. Deswegen wird auf die Darstellung des Sachwertes verzichtet und nur das Histogramm des Verkehrswertes gezeigt.

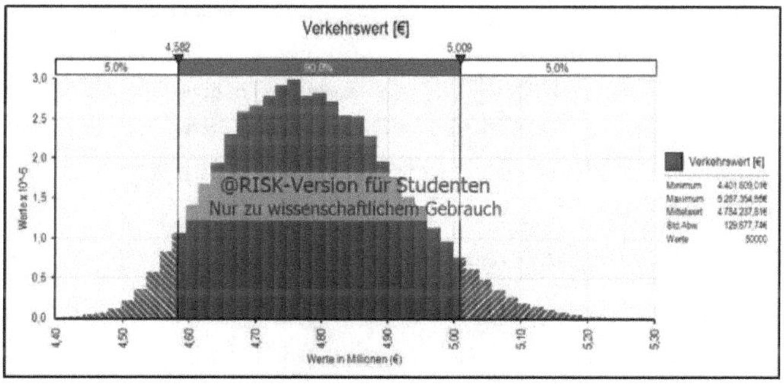

Abbildung 8-16: Verkehrswert – Berechnung mittels MC-Simulation

In Abbildung 8-16 ist das Histogramm des Verkehrswertes mittels Sachwertverfahren ersichtlich. Mit einer 90%igen Wahrscheinlichkeit liegt der Verkehrswert zwischen etwa 4.580.000 € und 5.010.000 €.

Der Mittelwert beträgt etwa 4.780.000 € und die Standardabweichung etwa 130.000 €.

8.3.1.11 Sensitivitätsanalyse

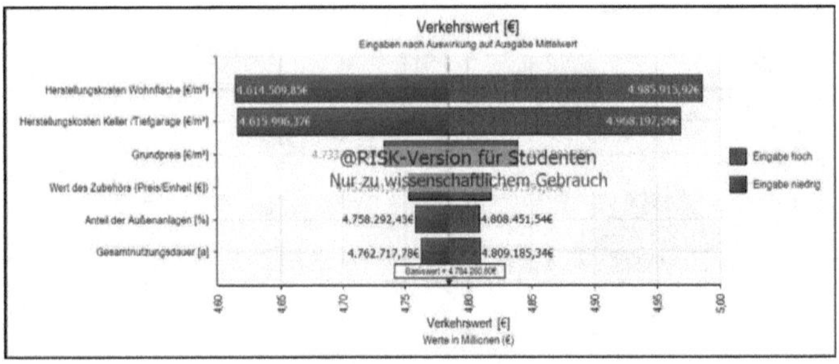

Abbildung 8-17: Tornadodiagramm – Sachwertverfahren mittels MC-Simulation

In Abbildung 8-17 ist die Sensitivitätsanalyse mittels Tornadodiagramm dargestellt. Es zeigt sich, dass die Herstellungskosten der Wohnfläche die größte Auswirkung auf die Streuung des Verkehrswertes haben. Wenn die restlichen Eingabeparameter auf dem Mittelwert gehalten werden und die Herstellungskosten der Wohnfläche mit zufälligen Werten aus dem ersten und letzten der 10 Bins berechnet werden, ändert sich der Verkehrswert von etwa 4.610.000 € auf etwa 4.990.000 €. Der Verkehrswert ändert sich dabei um etwa 380.000 €.

Den zweitgrößten Einfluss auf den Verkehrswert haben die Herstellungskosten der Tiefgarage und des Kellers. Diese sind jedoch als prozentueller Ansatz der Herstellungskosten der Wohnfläche in der Berechnung berücksichtigt. Somit sind diese ebenfalls von der Höhe der Herstellungskosten der Wohnung abhängig.

Wenn die Herstellungskosten genauer im Vorfeld identifiziert werden können und somit die Bandbreite der Verteilung minimiert wird, kann ein noch stabileres Ergebnis erzielt werden. Die Streuung der Ergebnisse und Standardabweichung verkleinert sich und ein Verkehrswert mit engerer Bandbreite kann angegeben werden.

8.3.2 Ertragswertverfahren – probabilistischer Ansatz

In diesem Abschnitt wird der Wert des Objektes mittels Ertragswertverfahrens ermittelt. Dieses Verfahren kommt besonders dann zum Einsatz, wenn es sich um Miet- oder Pachtobjekte handelt. Der Fokus liegt auf den Erträgen und den laufenden Ausgaben zur Bewirtschaftung. Die Differenz wird über die Nutzungsdauer kapitalisiert und ergibt somit den Ertragswert. Zum besseren Verständnis des Verfahrens ist der Ablauf schematisch in Abbildung 8-18 dargestellt.

Über den jeweiligen Schritten sind die dazugehörigen Eingangsparameter dargestellt. Jene die als unsicher einzustufen sind, werden als Verteilungsfunktion dargestellt, die Parameter welche einen bestimmten definierten Wert haben, als Pfeil.

Im weiteren Verlauf wird die Wahl der Eingangsparameter begründet und mittels eines Berechnungsblattes der Verkehrswert ermittelt.

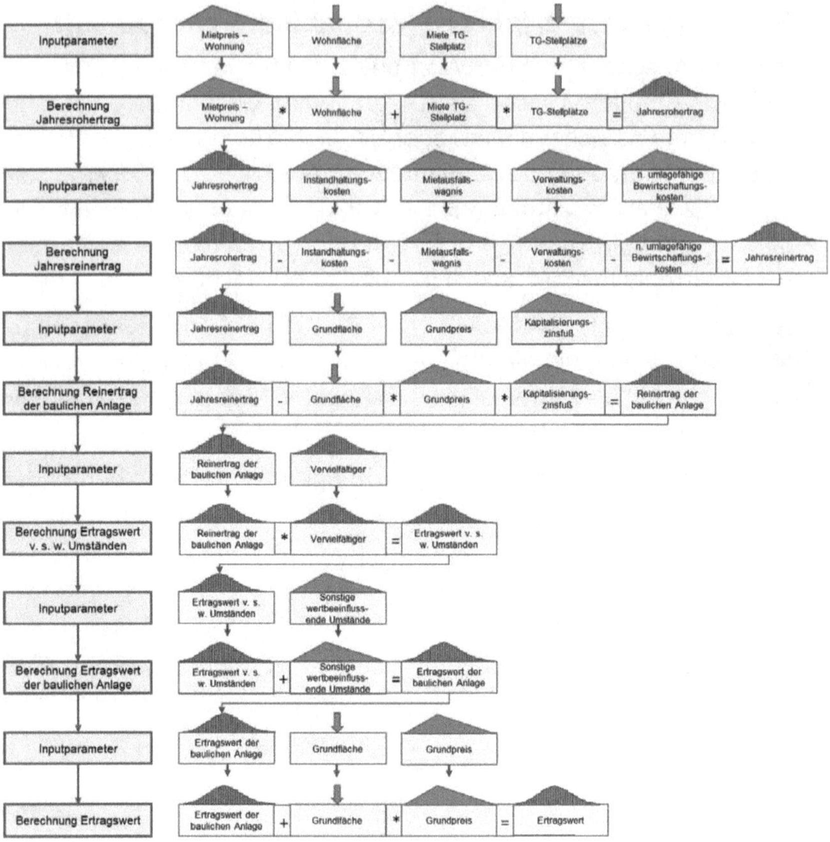

Abbildung 8-18: Schematischer Ablauf – Ertragswertverfahren mittels MC-Simulation

8.3.2.1 Mietpreis – Wohnung

Die durchschnittlichen Mietpreise pro m² Wohnfläche in Graz betragen zwischen 9 und 10 €/m². Jedoch divergieren die Werte je nach Bezirk.

Im Bezirk Waltendorf, in dem sich das zu bewertende Objekt befindet, ist die durchschnittliche Miete pro m² Wohnfläche etwa 12 €/m². Daraus lässt sich ableiten, dass besonders in diesem Bezirk eher Wohnungen im hochpreisigen Segment anzufinden sind.[194]

Der durchschnittliche Mietpreis der Wohnanlage beträgt 10,47 €/m². Damit liegt der Mietpreis unter dem Bezirksdurchschnitt und über dem Schnitt der gesamten Stadt.

Für die Berechnung des Ertragswertes wird als erwarteter Wert der derzeitige Mietpreis in der Höhe von 10,47 €/m² angesetzt, da dieser den tatsächlichen Einnahmen entspricht. Als Minimum wird 10 €/m², was den durchschnittlichen Mietpreis der Stadt Graz entspricht und als Maximum die durchschnittliche Miete von 12 €/m² in dem Bezirk Waltendorf angesetzt. Ein höherer Wert erscheint mit dem gegebenen Objekt, als nicht realistisch erzielbar.

8.3.2.2 Miete TG-Stellplatz

Für die Tiefgaragenstellplätze wird als erwarteter Wert jeweils eine Miete von 58 €/Mo angesetzt. Dies entspricht der derzeitig erzielbaren Miete für die TG-Stellplätze. Als Minimum wird 50 €/Mo und als Maximum 65 €/Mo pro Stellplatz angesetzt.

8.3.2.3 Wohnfläche

Die Wohnfläche entspricht der Summe der Flächen aus Tabelle 8-4. Die gesamte Wohnfläche beträgt 1.461 m².

8.3.2.4 TG-Stellplätze

In der gesamten Garage befinden sich 58 Stellplätze für mehrere Häuser. Dem zu bewertenden Objekt sind 25 Stellplätze zugehörig.

---

194 Vgl. https://www.immobilienscout24.at/ratgeber/immobilienbewertung/mietpreise/graz.html. Datum des Zugriffs: 01.Dezember.2018

8.3.2.5 Instandhaltungskosten

Kranewitter gibt an, dass bei neuen Wohnhäusern Instandhaltungskosten von 0,5 % des Herstellungswertes anzusetzen sind.[195]

Bienert gibt für die Instandhaltungskosten eine Bandbreite von 0,5 bis 1,5 % der Herstellungskosten an.[196]

Bei dem Objekt handelt es sich um eine gute Bauausführung, mit qualitativ hochwertigen Materialien, die eine gewisse Langlebigkeit garantieren und weniger Instandhaltungsintensiv sind. Dadurch werden für die erwarteten Instandhaltungskosten 0,5 % der Herstellungskosten angesetzt. Als Minimum werden ebenfalls 0,5 % angesetzt. Als Maximum 1 % der Herstellungskosten.

Für die Herstellungskosten des Neubaus dient als Grundlage die Verteilungsfunktion aus der MC-Simulation des Sachwertes (siehe Abbildung 8-14).

Als Minimum wird 3.700.000 €, als erwarteter Wert 3.950.000 € und als Maximum 4.500.000 € gewählt. Als Verteilungsfunktion dient die PERT-Verteilung, da es sich hierbei um Kosten handelt und diese gut abbildet.[197]

8.3.2.6 Mietausfallswagnis

Das Mietausfallswagnis deckt das Risiko, wenn Wohneinheiten für eine bestimmte Zeit leer stehen, bis ein neuer Mieter gefunden wird.

Kranewitter gibt für Wohngebäude einen Wagniszuschlag von 3 bis 5 % des Jahresrohertrags an, in Abhängigkeit der Mieterstruktur und -bonität.[198]

---

[195] Vgl. KRANEWITTER, H.: Liegenschaftsbewertung, 6.Auflage. S. 91

[196] Vgl. BIENERT, S.: Ertragswertverfahren. In: Immobilienbewertung Österreich. S. 349

[197] Vgl. KUMMER, M. K.: Einsatz der Monte-Carlo Simulation zur Berechnung von Baukosten und Bauzeit. Masterarbeit. S. 40

[198] Vgl. KRANEWITTER, H.: Liegenschaftsbewertung, 6.Auflage. S. 91

Bienert setzt erfahrungsgemäß bei Wohnobjekten ein Mietausfallswagnis von 2 % des Jahresrohertrags an.[199]

Für die Berechnung wird ein erwartetes Mietausfallswagnis von 3 % des Jahresrohertrags gewählt. Zum jetzigen Zeitpunkt ist das Objekt, bis auf eine Wohneinheit, nahezu voll vermietet. Die Mietverträge laufen noch großteils länger als drei Jahre, wodurch die Einnahmen mittelfristig gesichert sind.

Durch den moderaten Mietzins im Vergleich zum Bezirksdurchschnitt wird erwartet, dass sich schnell neue Mieter finden lassen, wenn eine Wohneinheit frei werden sollte.

Als minimales Mietausfallswagnis wird 2 % und als maximales 5 % angesetzt.

8.3.2.7 Verwaltungskosten

Kranewitter gibt für die Verwaltungskosten 3 bis 8 % des Jahresrohertrags an, wenn es sich um mehrerer Mieter handelt.[200]

Bienert schlägt vor, 3 bis 5 % des Jahresrohertrags für Verwaltungskosten anzusetzen. In größeren Gemeinden oder Städten sind die Kosten für gewöhnlich höher.[201]

Als erwarteter Wert für die Berechnung werden 5 % des Jahresrohertrags genommen. Als Minimum 3 % und als Maximum 8 % des Jahresrohertrags.

8.3.2.8 Nicht umlagefähige Betriebskosten

Aus den zur Verfügung stehenden Unterlagen geht nicht hervor, ob nicht umlagefähige Betriebskosten anzusetzen sind. Es wird ange-

---

199 Vgl. BIENERT, S.: Ertragswertverfahren. In: Immobilienbewertung Österreich. S. 351

200 Vgl. KRANEWITTER, H.: Liegenschaftsbewertung, 6.Auflage. S. 89

201 Vgl. BIENERT, S.: Ertragswertverfahren. In: Immobilienbewertung Österreich. S. 350

nommen, dass die durch den Leerstand von TG-Plätzen und Wohnungen verursachten Betriebskosten marginal sind und das Ergebnis nicht beeinflussen.

8.3.2.9 Grundfläche

Die Grundfläche ergibt sich aus dem Grundbuch bzw. durch das Abmessen der Grundfläche in GIS-Steiermark. Die dort eingetragene Fläche entspricht den Grundflächen der Grundstücke Schauensteingasse 4, 6 und 10. Die zugehörige Grundfläche zu den Grundstücken Schauensteingasse 4 und 6 entspricht 1.792 m² (siehe Tabelle 8-4).

8.3.2.10 Grundpreis

Der anzusetzende Grundpreis wird für gewöhnlich mittels Vergleichswertverfahren ermittelt. Dazu werden die Kaufpreise von Grundstücken mit ähnlichen Eigenschaften, die zeitnah verkauft wurden, herangezogen. Sowohl die Grundbuchsauszüge, als auch die Kaufpreisauskünfte sind in den zuständigen Bezirksgerichten entgeltlich erhältlich. Durch die Kaufpreisauskünfte kann ein Preis für das zu bewertende Grundstück ermittelt werden.

Für diese Arbeit stehen keine Kaufpreisauskünfte des Bezirksgerichtes zur Verfügung. Aus dem Gespräch mit dem Eigentümer geht hervor, dass in dieser Lage und gegebener Bebauungsdichte im Bezirk Waltendorf Preise von ca. 450 €/m² zu erwarten sind. Als minimaler Wert wird dabei 420 €/m² und als maximaler 500 €/m² angenommen.

8.3.2.11 Kapitalisierungszinsfuß

Der Kapitalisierungszinsfuß ist ein Maß für die Rendite, welche die Investition abwirft. Die Höhe der Rendite und auch des Liegenschaftszinssatzes ist abhängig von dem damit verbundenen Risiko. Je größer das Risiko, desto höher fällt der Kapitalisierungszinsfuß aus und umgekehrt dasselbe. Grundsätzlich sind Wohnimmobilien risikoärmer als Gewerbe- oder Industrieimmobilien.[202]

Der Kapitalisierungszinsfuß für die Berechnung entspringt der Tabelle 8-17. Die jährliche Empfehlung des Hauptverbandes allgemein beeideter und gerichtlich zertifizierter Sachverständiger gibt Bandbreiten für die Kapitalisierungszinsfüße in Abhängigkeit des Objekttyps und unterschiedlichen Lagen an.

LIEGENSCHAFTSART	LAGE			
	hochwertig	sehr gut	gut	mäßig
Wohnliegenschaft	1,0 - 3,0 %	2,0 - 4,0 %	3,0 - 5,0 %	3,5 - 5,5 %
Büroliegenschaft	3,0 - 5,5 %	4,0 - 6,0 %	4,5 - 6,5 %	5,0 - 7,0 %
Geschäftsliegenschaft	4,0 - 6,0 %	4,5 - 6,5 %	5,0 - 7,0 %	5,5 - 7,5 %
Einkaufszentrum, Supermarkt	4,5 - 7,5 %	5,0 - 8,0 %	5,5 - 8,5 %	6,0 - 9,0 %
Gewerblich genutzte Liegenschaft	5,0 - 8,0 %	5,5 - 8,5 %	6,0 - 9,0 %	6,5 - 9,5 %
Industrieliegenschaft	5,0 - 9,0 %	5,5 - 9,5 %	6,0 - 10,0 %	6,5 - 10,5 %
Landwirtschaftliche Liegenschaften	1,5 % bis 3,5 %			
Forstwirtschaftliche Liegenschaften	1,0 % bis 3,0 %			

Tabelle 8-17: Auswahl Kapitalisierungszinsfuß 2018[203]

Wie aus Abschnitt 8.1.3 hervorgeht, ist die Lage des zu bewertenden Objektes als sehr gut einzuschätzen. Das Objekt befindet sich in einer ruhigen Sackgasse, somit ist die Verkehrsbelastung auf reinen Anrainerverkehr beschränkt.

Infrastruktur für das tägliche Leben wie Einkaufsmöglichkeiten, eine Bank, Apotheke und diverse Restaurants sind innerhalb eines kurzen Fußwegs erreichbar. Die Anbindung an den öffentlichen Verkehr ist auch mit einem 7-minütigen Fußweg erreichbar.

Der Kapitalisierungszinsfuß, unter den Bedingungen, dass es sich um eine Wohnliegenschaft in sehr guter Lage handelt, liegt in dem Bereich von 2 bis 4 %. Der erwartete Zinsfuß ist 2,5 %. Als minimaler Zinsfuß wird 2 % und als maximaler 3 % angenommen. Durch die für

---

[202] Vgl. KRANEWITTER, H.: Liegenschaftsbewertung, 6.Auflage. S. 94

[203] In Anlehnung an HAUPTVERBAND DER ALLGEMEIN BEEIDETEN UND GERICHTLICH ZERTIFIZIERTEN SACHVERSTÄNDIGEN ÖSTERREICHS: Empfehlung der Kapitalisierungszinssätze für Liegenschaftsbewertungen 2018. In: Sachverständige, 2/2018. S. 83

die Lage eher niedrig angesetzten Mietpreise ergibt sich ein geringes Risiko, dass die Einnahmen durch Leerstand ausfallen.

8.3.2.12 Vervielfältiger

Bei dem erwirtschafteten Reinertrag handelt es sich um eine jährlich nachschüssige Rente und der Vervielfältiger ist ein Rentenbarwertfaktor, mit dem die Höhe der Rente ermittelt wird. Dieser errechnet sich aus dem Kapitalisierungszinsfuß und der Restnutzungsdauer des Objektes. Die Formel zur Ermittlung des Kapitalisierungszinsfußes ist folgende:

$$V = \frac{q^n - 1}{q^n \cdot (q - 1)} \qquad (7)$$

Mit: q = 1 + i

V = Vervielfältiger

n = Anzahl der Jahre

p = Kapitalisierungszinssatz

i = p / 100

Als Gesamtnutzungsdauer gibt *Kranewitter* für Miet- und Eigentumswohngebäude eine wirtschaftliche Nutzungsdauer von 60-80 Jahre an.[204]

Aufgrund der sich schnell ändernden Technologien und den wachsenden Anforderungen an das Wohnobjekt, wird eine erwartete GND von 60 Jahren gewählt. Die minimale GND entspricht der erwarteten. Für die maximale GND werden 80 Jahre angesetzt.

Das Alter des Objektes ist sechs Jahre. Der Faktor n (Anzahl der Jahre) beträgt somit 54 Jahre für die minimale und erwartete GND und 74 Jahre bei der maximalen GND.

Der Kapitalisierungszinsfuß ist bereits in Abschnitt 8.3.2.11 definiert worden. Der minimale Zinsfuß beträgt 2 %, der erwartete 2,5 % und der maximale 3 %.

---

[204]Vgl. KRANEWITTER, H.: Liegenschaftsbewertung, 6.Auflage. S. 74

8.3.2.13 Sonstige wertbeeinflussende Umstände

Im C-Blatt des Grundbuches ist nur eine Dienstbarkeit eingetragen. Diese besteht über die Duldung, Errichtung, Erhaltung und Betrieb einer Fernwärmeleitung der Energie Steiermark. Diese wird nicht als wertbeeinflussender Umstand in der Berechnung angesetzt.

8.3.2.14 Ertragswertermittlung

Das Ablaufschema aus Abbildung 8-18 wird hier in einer Excel-Tabelle umgesetzt. Die Eingangsparameter stammen aus den vorherigen Abschnitten und sind bereits dort beschrieben.

Lfd. Nr.	**Berechnung Jahresrohertrag**					
0	A		B	C	D	E
1			MIN	ERW	MAX	Verteilung
2	Mietpreis - Wohnung [€/m²/Mo]		10	10,47	12	10,47
3	Wohnfläche [m²]			1.461		1.461
4	Miete TG-Stellplatz [€/Stk./Mo]		50	58	65	58
5	Stellplätze [-]			25		25
6	**Jahresrohertrag [€]**					**200.960 €**
7	**Berechnung Jahresreinertrag**					
8	Instandhaltungskosten [% von Nbw. der baulichen Anlage]	Neubauwert der baulichen Anlage [€]	3.700.000	3.950.000	4.500.000	3.950.000
			0,5	0,5	1	19.750 €
9	Mietausfallswagnis [% von Jahresrohertrag]		2	3	5	6.029 €
10	Verwaltungskosten [% von Jahresrohertrag]		3	5	8	10.048 €
11	n. umlagefähige Betriebskosten [€]			0		0
12	**Jahresreinertrag [€]**					**165.133 €**
13	**Berechnung Reinertrag der baulichen Anlage**					
14	Grundfläche [m²]			1.792		
15	Grundpreis [€/m²]		420	450	500	450
16	Kapitalisierungszinsfuß [%]		2,0	2,5	3,0	2,5
17	**Reinertrag der baulichen Anlage [€]**					**144.973 €**
18	**Berechnung Ertragswert vor sonstigen wertbeeinflussenden Umständen**					
19	Verviel-fältiger [-]	Gesamtnutzungsdauer [a]	60	60	80	60
20		Alter [a]		6		6
21		Kapitalisierungszinsfuß [%]	2,0	2,5	3,0	29,46
22	**Ertragswert v. s. w. Umständen [€]**					**4.270.912 €**
23	**Berechnung Ertragswert der baulichen Anlage**					
24	sonstige wertbeeinflussende Umstände [€]			0		0
25	**Ertragswert der baulichen Anlage [€]**					**4.270.912 €**
26	**Berechnung Ertragswert**					
27	Grundfläche [m²]			1.792		
28	Grundpreis [€/m²]		420	450	500	450
29	**Ertragswert [€]**					**5.077.312 €**

Tabelle 8-18: Kalkulation – Ertragswertverfahren mittels MC-Simulation

In Tabelle 8-18 sind die Eingangsparameter für die Berechnung zu sehen. In der Spalte B ist das jeweilige Minimum des Parameters, in der Spalte C der erwartete Wert, in der Spalte D der maximale Wert. Für alle Verteilungen, außer dem Neubauwert der baulichen Anlage werden Dreiecksverteilungen hinterlegt. Der Neubauwert ist durch eine PERT-Verteilung beschrieben.

Die Ergebnisse der Berechnung in der Spalte E stellen die Ergebnisse mittels den definierten Verteilungen dar.[205]

Durch die unsicheren Eingangsparameter, die als Verteilungsfunktion beschrieben werden, ergibt sich ein Histogramm als Ergebnis.

Als erstes wird der Jahresrohertrag errechnet, der sich aus dem Anteil durch Wohnungen und dem Anteil durch die Vermietung der Tiefgarage zusammensetzt. Wichtig hierbei ist, dass es sich um den Jahresrohertrag handelt und die Mieteinnahmen monatlich sind. Dabei wird angenommen, dass über das Jahr 12 gleiche monatliche Raten erwirtschaftet werden. Als Jahresrohertrag ergibt sich die in Abbildung 8-19 zu sehende Verteilung.

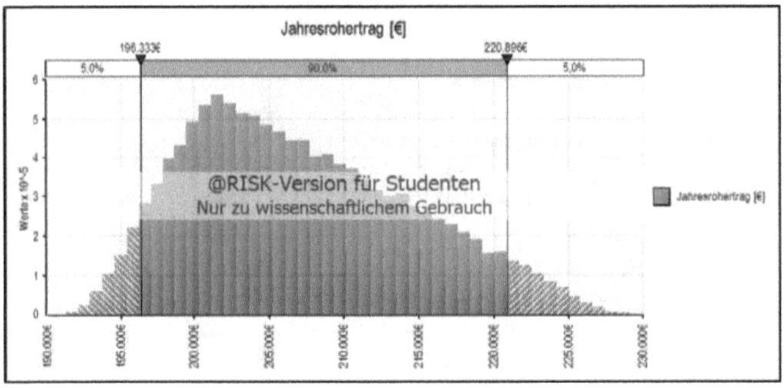

Abbildung 8-19: Jahresrohertrag – Ertragswertberechnung mittels MC-Simulation

Der Jahresrohertrag liegt mit einer 90%igen Wahrscheinlichkeit zwischen etwa 196.000 € und etwa 221.000 €.

Um zu dem Jahresreinertrag zu kommen, werden die Bewirtschaftungskosten von dem Jahresrohertrag abgezogen. Die Bewirtschaf-

---

205 Bei der Definition der Eingangsparameter wurde die Funktion RiskStatic verwendet. Standardmäßig werden die angezeigten Ergebnisse der Berechnung mittels der Mittelwerte der definierten Funktionen ermittelt. Bei Verwendung von RiskStatic werden die angezeigten Ergebnisse mit den definierten statischen Werten berechnet. Dafür wurden hier die erwarteten Werte verwendet, um eine Vergleichbarkeit mit den deterministischen Berechnungen zu ermöglichen.

tungskosten setzen sich aus den Instandhaltungskosten, dem Mietausfallswagnis, den Verwaltungskosten und den nicht umlagefähigen Betriebskosten (in diesem Fall sind keine angesetzt) zusammen.

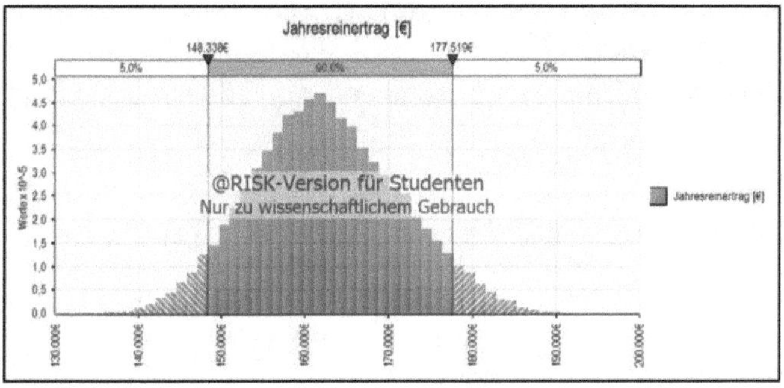

Abbildung 8-20: Jahresreinertrag – Ertragswertermittlung mittels MC-Simulation

Als Jahresreinertrag ergibt sich somit das Histogramm in Abbildung 8-20. Der Jahresreinertrag liegt mit einer Wahrscheinlichkeit von 90 % zwischen etwa 148.000 € und etwa 178.000 €.

Um auf den Reinertrag der baulichen Anlage zu kommen, wird die Bodenwertverzinsung abgezogen. Der Boden verliert keinen Wert und wird deswegen als ewige Rente berechnet.

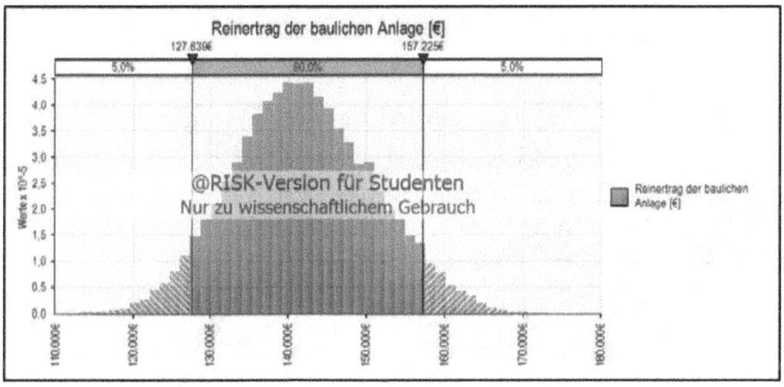

Abbildung 8-21: Reinertrag der baulichen Anlage – Ertragswertermittlung mittels MC-Simulation

Der Reinertrag der baulichen Anlage ist in Abbildung 8-21 zu sehen. Mit einer 90%igen Wahrscheinlichkeit liegt dieser zwischen 128.000 € und etwa 157.000 €.

Der Ertragswert vor sonstigen wertbeeinflussenden Umständen errechnet sich, in dem der Reinertrag der baulichen Anlage mit dem Vervielfältiger multipliziert wird. Dieser entspricht in diesem Fall, dem Ertragswert der baulichen Anlage. Es werden keine sonstigen wertbeeinflussenden Umstände angesetzt. Auf die Darstellung beider Werte wird verzichtet und nur der Ertragswert der baulichen Anlage in Abbildung 8-22 dargestellt.

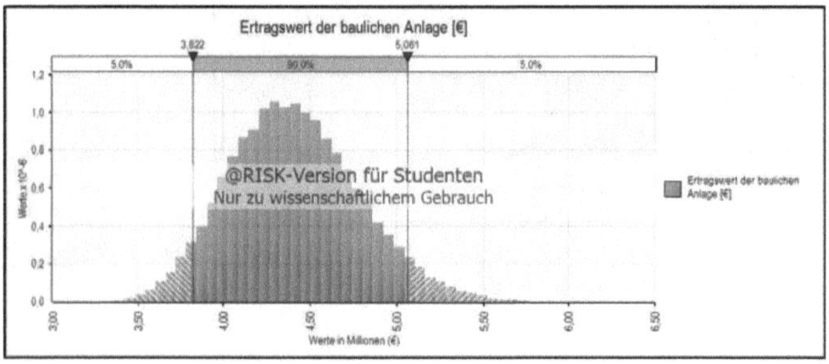

Abbildung 8-22: Ertragswert der baulichen Anlage – Ertragswertermittlung mittels MC-Simulation

Der Ertragswert der baulichen Anlage liegt mit einer 90%igen Wahrscheinlichkeit zwischen etwa 3.820.000 € und etwa 5.060.000 €.

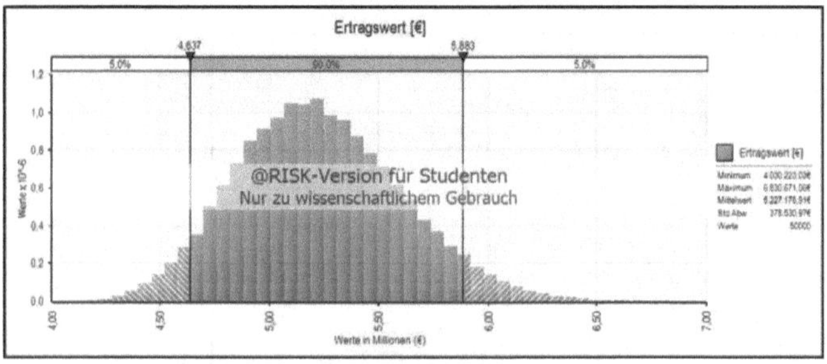

Abbildung 8-23: Ertragswert – Ertragswertermittlung mittels MC-Simulation

Der Ertragswert ist die Summe aus dem Bodenwert und des Ertragswertes der baulichen Anlage. Der sich ergebende Ertragswert ist in Abbildung 8-23 zu sehen. Mit einer 90%igen Wahrscheinlichkeit liegt der Ertragswert zwischen etwa 4.640.000 € und etwa 5.880.000 €. Der Mittelwert beträgt etwa 5.230.000 € und die Standardabweichung ist etwa 380.000 €.

8.3.2.15 Sensitivitätsanalyse

Die Sensitivitätsanalyse des Ertragswertes ist in Abbildung 8-24 mittels Spiderdiagramm dargestellt. In diesem Fall bietet es eine bessere Übersicht über die Änderung der Ausgabe als das Tornadodiagramm, welches zuvor bei dem Sachwertverfahren angewendet wurde.

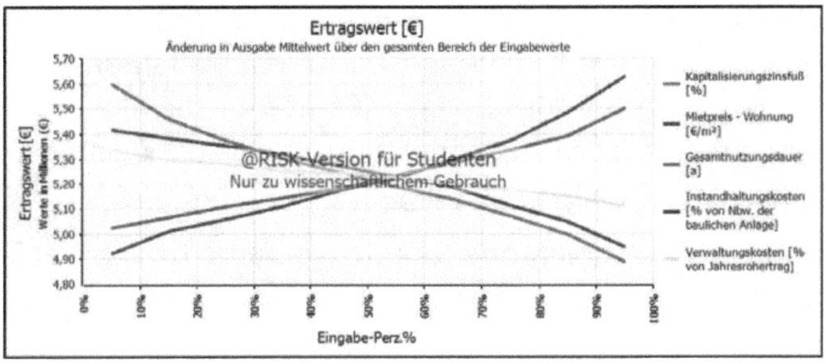

Abbildung 8-24: Sensitivitätsanalyse des Ertragswertes

Gut zu erkennen ist das gegensätzliche Verhalten von den Eingangsparametern. Bei einigen sinkt der Ertragswert, wenn der Eingangsparameter größer wird und bei anderen steigt der Ertragswert, wenn der Eingangsparameter größer wird.

Als größter Einfluss auf den Ertragswert lässt sich der Kapitalisierungszinsfuß identifizieren. Durch die Änderung des Kapitalisierungszinsfußes von seinen minimalen auf seinen maximalen Wert ändert sich der Ertragswert von etwa 5.600.000 € auf etwa 4.880.000 €. Dabei unterscheidet sich der minimale und maximale Wert nur um 1 % in der Berechnung.

In der Empfehlungstabelle des Hauptverbandes der Sachverständigen in Tabelle 8-17 ist die Bandbreite des zu wählenden Kapitalisierungszinsfußes 2 % bei Wohnimmobilien. Die Einschätzung der zukünftigen Entwicklung des Marktes und somit der Rendite des Objektes bekommt somit eine starke Gewichtung, wenn bereits bei einer Änderung von einem 1 % sich der Ertragswert um etwa 700.000 € ändert.

Der zweite Faktor, der den Ertragswert am größten beeinflusst, ist die Höhe des Mietpreises. Dieser steht im direkten Zusammenhang mit der erwarteten Rendite des Objektes. Der Ertragswert ändert sich von etwa 4.910.000 € auf etwa 5.630.000 € wenn sich die Miete von etwa 10 €/m² auf etwa 12 €/m² erhöht, was noch immer einem angemessenen Mietpreis in dieser Lage und bei gegebener Qualität entspricht.

Der dritte Parameter, welcher den Ertragswert am meisten beeinflusst, ist die Gesamtnutzungsdauer des Objektes angeführt. Bei der minimalen Lebensdauer von 60 Jahren beträgt der Ertragswert etwa 5.020.000 € und bei der maximalen Lebensdauer von 80 Jahren etwa 5.500.000 € was einer Steigerung um fast 500.000 € entspricht. Die Einnahmen werden dadurch um 20 Jahre länger erzielt, ohne größere Investitionen in die Instandhaltung zu tätigen.

Der am schwierigsten zu definierende Eingangsparameter, der Kapitalisierungszinsfuß, ist der größte Einflussfaktor auf den Ertragswert der Liegenschaft.

Leichter steuerbar ist der Mietpreis, da er sich von dem Vermieter festlegen lässt und somit als ein definierter Wert in der Berechnung erscheint.

8.3.3DCF-Verfahren – probabilistischer Ansatz

In diesem Abschnitt wird der Wert des Objektes mittels DCF-Verfahren ermittelt. Dieses Verfahren kommt besonders dann zum Einsatz, wenn es sich um Investitionsobjekte handelt. Der Fokus liegt auf den Erträgen und den laufenden Ausgaben zur Bewirtschaftung. Der Ablauf ist in zwei Phasen gegliedert.

In der ersten Phase, auch Detailbetrachtungsphase genannt, werden die Erträge und Ausgaben periodengerecht ermittelt und auf den Bewertungsstichtag diskontiert. Am Ende des Detailbetrachtungszeitraums und Beginn der Phase zwei wird das Objekt fiktiv veräußert.

Der Cash-Flow des letzten Jahres wird als ewige Rente kapitalisiert (vereinfachtes Ertragswertverfahren) und anschließend auf den Bewertungsstichtag diskontiert. Die Summe aus den Werten aus Phase eins und zwei ergeben den Marktwert des Objektes.

Zum besseren Verständnis des Verfahrens ist der Ablauf schematisch in Abbildung 8-25 dargestellt.

Über den jeweiligen Berechnungsschritten sind die dazugehörigen Eingangsparameter dargestellt. Jene die als unsicher einzustufen sind, werden als Verteilungsfunktion dargestellt, die Parameter welche einen bestimmten definierten Wert haben, als Pfeil.

Im weiteren Verlauf wird die Wahl der Eingangsparameter begründet und mittels eines Berechnungsblattes der Marktwert ermittelt.

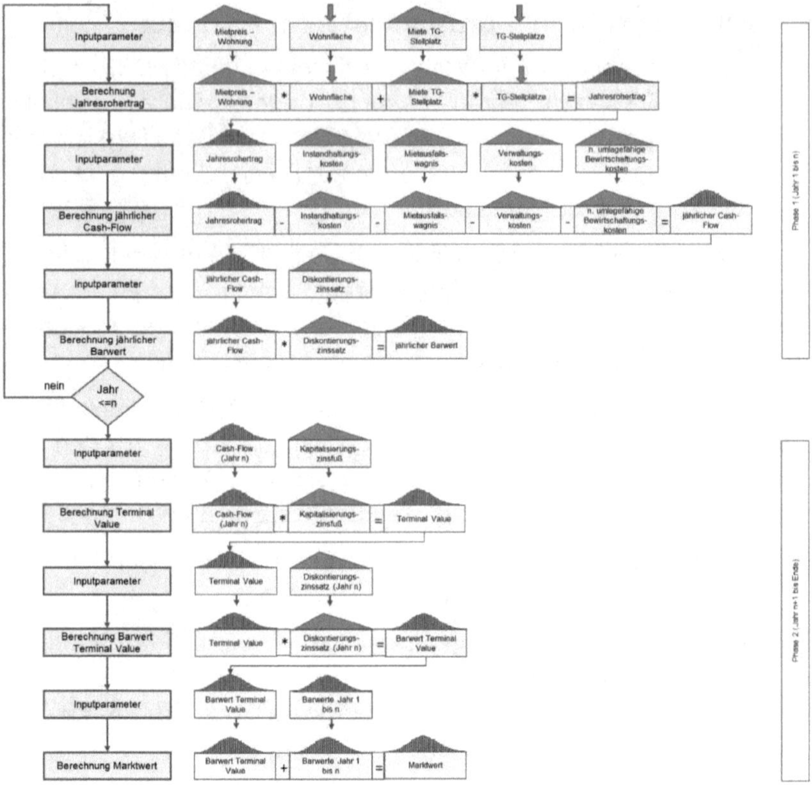

Abbildung 8-25: Ablaufschema – DCF-Verfahren mittels MC-Simulation

8.3.3.1 Mietpreis – Wohnung

Als Mietpreis der Wohnung werden dieselben Werte wie in Abschnitt 8.3.2.1 verwendet. Als minimaler Wert wird 10 €/m², als erwarteter Wert, 10,47 €/m² und als maximaler Wert 12 €/m² verwendet.

8.3.3.2 Miete TG-Stellplatz

Die Miete der Tiefgaragenstellplätze entspricht den Ansätzen in Abschnitt 8.3.2.2. Der minimale Wert ist 50 €/Mo, der erwartete Wert 58 €/Mo und der maximale Wert 65 €/Mo.

8.3.3.3 Wohnfläche

Die Wohnfläche entspricht der Summe der Flächen aus Tabelle 8-4. Die gesamte Wohnfläche beträgt 1.461 m².

8.3.3.4 TG-Stellplätze

In der gesamten Garage befinden sich 58 Stellplätze für mehrere Häuser. Dem zu bewertenden Objekt sind 25 Stellplätze zugehörig.

8.3.3.5 Instandhaltungskosten

Die Ansätze der Instandhaltungskosten entsprechen dem Abschnitt 8.3.2.5. Der Neubauwert der baulichen Anlage wird durch eine PERT-Verteilung mit dem minimalen Wert von 3.700.000 €, dem erwarteten Wert von 3.950.000 € und dem maximalen Wert von 4.500.000 € abgebildet.

Die Instandhaltungskosten entsprechen einer Dreiecksverteilung mit dem minimalen Wert 0,5 %, dem erwarteten Wert 0,5 % und dem maximalen Wert 1 % der Herstellungskosten des Neubaus.

8.3.3.6 Mietausfallswagnis

Das Mietausfallswagnis entspricht den Parametern in Abschnitt 8.3.2.6. Der minimale Wert ist 2 % der erwartete Wert 3 % und der maximale Wert 5 % des Jahresrohertrags.

8.3.3.7 Verwaltungskosten

Die Verwaltungskosten entsprechen den Parametern aus Abschnitt 8.3.2.7. Der minimale Wert ist 3 %, der erwartete Wert ist 5 % und der maximale Wert ist 8 % des Jahresrohertrags.

8.3.3.8 Nicht umlagefähige Betriebskosten

Aus den zur Verfügung stehenden Unterlagen geht nicht hervor ob nicht umlagefähige Betriebskosten anzusetzen sind. Es wird angenommen, dass die durch den Leerstand von TG-Plätzen und Wohnungen verursachten Betriebskosten marginal sind und das Ergebnis nicht sonderlich beeinflussen.

8.3.3.9 Diskontierungszinssatz

Zur Herleitung des Diskontierungszinssatzes gibt es mehrere Verfahren. Als Ansatz für diese Berechnung wird das Zuschlagsverfahren gewählt (siehe Abbildung 8-26). Aufbauend auf den Basiszinssatz, in Abhängigkeit der Nutzungsart werden Zuschläge addiert. Die Immobilie wird in vier Kategorien bewertet: der Illiquidität, betreffend dem Objekt, der Mikro- und Makrolage. Die Einschätzung basiert auf dem Schulnotensystem von sehr gut bis ungenügend.

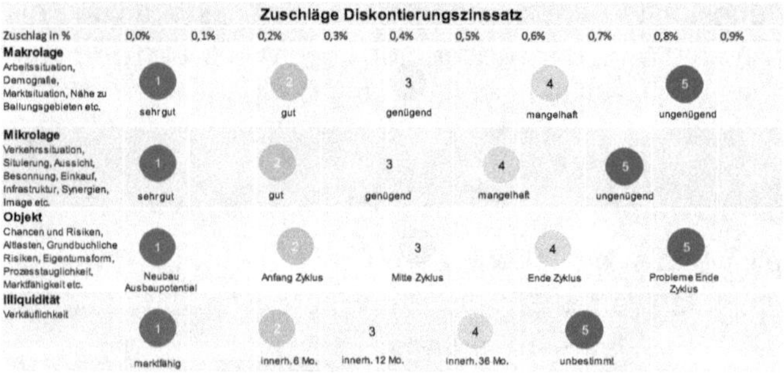

Abbildung 8-26: Zuschlagsverfahren – Diskontierungszinssatz[206]

Als Basiszinssatz wird ein risikofreier Zinssatz genommen. Ein geeigneter Index in Österreich sind die Renditen österreichischer Bundesanleihen, welche seit dem Jahr 2015 hierfür verwendet werden. Diese lösen die davor benutzten Sekundärmarktrenditen ab. Die gemittelte

---

[206] In Anlehnung an https://baumgartner-im.ch/diskontierungszinssatz-herleiten/. Datum des Zugriffs: 06.Dezember.2018

Rendite der letzten 10 Jahre beträgt etwa 1,4 %.[207] Da davon ausgegangen werden kann, dass sich das Zinsniveau in den nächsten 10 Jahren nach oben hin ändert, wird hierfür ein Zuschlag von 0,5 % angesetzt. Die weiteren Zuschläge werden durch die Zuschlagsätze in Abbildung 8-26 ermittelt.

In der Kategorie Illiquidität (Verkäuflichkeit) wird angenommen, dass sich das Objekt innerhalb von 6 Monaten verkaufen lässt. Somit beträgt der Zuschlag 0,2 %.

Das Objekt befindet sich mit dem Alter von sechs Jahren noch am Anfang seines Lebenszykluses. Der Zuschlag hierfür beträgt 0,2 %.

Die Mikrolage des Objektes wird als gut eingeschätzt. In näherer Umgebung sind Nahversorger, Restaurants, eine Bank und eine Apotheke. Die Anbindung an den öffentlichen Verkehr ist wenige 100 m entfernt. Durch die Lage in einer Sackstraße herrscht nur Anrainerverkehr. Der Zuschlag beträgt 0,2 %.

Die Makrolage ist sehr gut. In der Stadt gibt es genug Arbeitsplätze und sie unterliegt einem großen Zuzug aus anderen Bezirken. Der Zuschlag beträgt somit 0,1 %.

Unter Berücksichtigung des Basiszinssatzes für Wohnimmobilien und den ermittelten Zuschlägen beträgt der erwartete Diskontierungszinssatz 2,6 %. Als minimaler Wert wird 2,1 % und als maximaler Wert 3,1 % angenommen.

8.3.3.10 Kapitalisierungszinsfuß

Der Kapitalisierungszinsfuß ist ein Maß für die Rendite, welche die Investition abwirft. Die Höhe der Rendite und auch des Liegenschaftszinssatzes ist in Abhängigkeit des damit verbundenen Risikos. Je größer das Risiko, desto höher fällt der Kapitalisierungszinsfuß aus und

[207] Vgl. https://www.oenb.at/Statistik/Standardisierte-Tabellen/zinssaetze-und-wechselkurse/renditen-oesterreichischer-bundesanleihen.html. Datum des Zugriffs: 6.März.2019

umgekehrt dasselbe. Grundsätzlich sind Wohnimmobilien risikoärmer als Gewerbe- oder Industrieimmobilien.[208]

Der Kapitalisierungszinsfuß für die Berechnung entspringt der Tabelle 8-19. Die jährliche Empfehlung des Hauptverbandes allgemein beeideter und gerichtlich zertifizierter Sachverständiger gibt Bandbreiten für die Kapitalisierungszinsfüße in Abhängigkeit des Objekttyps und unterschiedlichen Lagen an.

LIEGENSCHAFTSART	LAGE			
	hochwertig	sehr gut	gut	mäßig
Wohnliegenschaft	1,0 - 3,0 %	2,0 - 4,0 %	3,0 - 5,0 %	3,5 - 5,5 %
Büroliegenschaft	3,0 - 5,5 %	4,0 - 6,0 %	4,5 - 6,5 %	5,0 - 7,0 %
Geschäftsliegenschaft	4,0 - 6,0 %	4,5 - 6,5 %	5,0 - 7,0 %	5,5 - 7,5 %
Einkaufszentrum, Supermarkt	4,5 - 7,5 %	5,0 - 8,0 %	5,5 - 8,5 %	6,0 - 9,0 %
Gewerblich genutzte Liegenschaft	5,0 - 8,0 %	5,5 - 8,5 %	6,0 - 9,0 %	6,5 - 9,5 %
Industrieliegenschaft	5,0 - 9,0 %	5,5 - 9,5 %	6,0 - 10,0 %	6,5 - 10,5 %
Landwirtschaftliche Liegenschaften	1,5 % bis 3,5 %			
Forstwirtschaftliche Liegenschaften	1,0 % bis 3,0 %			

Tabelle 8-19: Auswahl Kapitalisierungszinsfuß 2018[209]

Wie aus Abschnitt 8.1.3 hervorgeht, ist die Lage des zu bewertenden Objektes als sehr gut einzuschätzen. Das Objekt befindet sich in einer ruhigen Sackgasse, somit ist die Verkehrsbelastung auf reinen Anrainerverkehr beschränkt.

Infrastruktur für das tägliche Leben wie Einkaufsmöglichkeiten, eine Bank, Apotheke und diverse Restaurants sind innerhalb eines kurzen Fußwegs erreichbar. Die Anbindung an den öffentlichen Verkehr ist auch mit einem 7-minütigen Fußweg erreichbar.

Der Kapitalisierungszinsfuß, unter den Bedingungen, dass es sich um eine Wohnliegenschaft in sehr guter Lage handelt, liegt in dem Bereich von 2 bis 4 %.

---

[208] Vgl. KRANEWITTER, H.: Liegenschaftsbewertung, 6.Auflage. S. 94

[209] In Anlehnung an HAUPTVERBAND DER ALLGEMEIN BEEIDETEN UND GERICHTLICH ZERTIFIZIERTEN SACHVERSTÄNDIGEN ÖSTERREICHS: Empfehlung der Kapitalisierungszinssätze für Liegenschaftsbewertungen 2018. In: Sachverständige, 2/2018. S. 83

Bei dem DCF-Verfahren wird in der zweiten Phase mittels vereinfachten Ertragswertverfahren der Terminal Value ermittelt. In dem Zinsfuß sind sowohl die Altersabnützung, als auch die zunehmende Prognoseunsicherheit durch die Höhe des Zinsfußes zu berücksichtigen.[210] Der gewählte erwartete Zinsfuß für die Berechnung ist 3,5 %. Der minimale Zinsfuß wird mit 3 % und der maximale mit 4 % angenommen.

8.3.3.11 Detailbetrachtungszeitraum

Als Länge für den Detailbetrachtungszeitraum werden meistens acht bis 15 Jahre angesetzt. Während dieser Periode werden die Ein- und Auszahlungen jährlich festgelegt. Somit kann z.B. eine Instandhaltungsmaßnahme in fünf Jahren in dem entsprechenden Jahr bei den Instandhaltungsmaßnahmen angesetzt werden.

Den Detailbetrachtungszeitraum länger zu wählen ist nicht zweckmäßig, da, je weiter die Zahlungsströme in der Zukunft liegen, desto unsicherer sind sie in ihrer tatsächlichen Höhe. Für die Berechnung wird ein Detailbetrachtungszeitraum von 10 Jahren gewählt.

8.3.3.12 DCF-Ermittlung

Das Ablaufschema aus Abbildung 8-25 wird hier in einer Excel-Tabelle umgesetzt. Die Eingangsparameter stammen aus den vorherigen Abschnitten und sind bereits dort beschrieben worden.

Lfd. Nr.	Jahr								2019				2020				2021				2022				2023	
0										Berechnung Jahresrohertrag																
1	A		B	C	D	E	F	G	H	I	J	K	L	M	N	O	P	Q	R	S	T	U	V	W	X	Y
2			MIN	ERW	MAX	Verteilung	MIN	ERW	MAX	Verteilung	MIN	ERW	MAX	Verteilung	MIN	ERW	MAX	Verteilung	MIN	ERW	MAX	Verteilung	MIN	ERW	MAX	Verteilung
3	Wohnfläche [m²]			1.461		1.461																				
4	Stellplätze [-]			25		25																				
5	Mietpreis - Wohnung [€/m²/Mo]						10	10,47	12	10	10	10,47	12	10	10	10,47	12	10	10	10,47	12	10	10	10,47	12	10
6	Miete TG-Stellplatz [€/Stk./Mo]						50	58	65	58	50	58	65	58	50	58	65	58	50	58	65	58	50	58	65	58
7	**Jahresrohertrag [€]**									**200.960 €**				**200.960 €**				**200.960 €**				**200.960 €**				**200.960 €**
8										Berechnung jährlicher Cash-Flow																
9	Instandhaltungskosten [% von Nbw. der baulichen Anlage]	Neubauwert der baulichen Anlage [€]	3.700.000	3.950.000	4.500.000	3.950.000																				
10		%					0,5	0,5	1,0	0,5	0,5	0,5	1,0	0,5	0,5	0,5	1,0	0,5	0,5	0,5	1,0	0,5	0,5	0,5	1,0	0,5
11	Mietausfallswagnis [% von Jahresrohertrag]						2,0	3,0	5,0	3,0	2,0	3,0	5,0	3,0	2,0	3,0	5,0	3,0	2,0	3,0	5,0	3,0	2,0	3,0	5,0	3,0
12	Verwaltungskosten [% von Jahresrohertrag]						3,0	5,0	8,0	5,0	3,0	5,0	8,0	5,0	3,0	5,0	8,0	5,0	3,0	5,0	8,0	5,0	3,0	5,0	8,0	5,0
13	n. umlagefähige Betriebskosten [€]							0		0		0		0		0		0		0		0		0		0
14	**jährlicher Cash-Flow [€]**									**165.133 €**				**165.133 €**				**165.133 €**				**165.133 €**				**165.133 €**
15										Berechnung jährlicher Barwert																
16	Diskontierungszinsfuß [%]		2,1	2,6	3,2	2,6																				
17	Diskontierungsfaktor [-]									0,97466				0,94996				0,92589				0,90242				0,87956
18	**Barwert [€]**									**160.949 €**				**156.870 €**				**152.895 €**				**149.020 €**				**145.244 €**

[210]Vgl. ÖSTERREICHISCHES NORMUNGSINSTITUT: ÖNORM B1802-2: 2008 12 01: Liegenschaftsbewertung - Teil 2: Discounted-Cash-Flow-Verfahren (DCF-Verfahren). ÖNORM. S. 10

Tabelle 8-20: Berechnung Phase 1 Jahr 2019-2023 – DCF-Verfahren mittels MC-Simulation – Teil 1

Lfd. Nr.	Jahr								2024				2025				2026				2027				2028	
0							Berechnung Jahresrohertrag																			
1	A		B	C	D	E	Z	AA	AB	AC	AD	AE	AF	AG	AH	AI	AJ	AK	AL	AM	AN	AO	AP	AQ	AR	AS
2			MIN	ERW	MAX	Verteilung	MIN	ERW	MAX	Verteilung	MIN	ERW	MAX	Verteilung	MIN	ERW	MAX	Verteilung	MIN	ERW	MAX	Verteilung	MIN	ERW	MAX	Verteilung
3	Wohnfläche [m²]			1.461		1.461																				
4	Stellplätze [-]			25		25																				
5	Mietpreis - Wohnung [€/m²/Mo]						10	10.47	12	10	10	10.47	12	10	10	10.47	12	10	10	10.47	12	10	10	10.47	12	10
6	Miete TG-Stellplatz [€/Stk./Mo]						50	58	65	58	50	58	65	58	50	58	65	58	50	58	65	58	50	58	65	58
7	**Jahresrohertrag [€]**									**200.960 €**				**200.960 €**				**200.960 €**				**200.960 €**				**200.960 €**
8							**Berechnung jährlicher Cash-Flow**																			
9	Instandhaltungskosten [% von Nbw. der baulichen Anlage]	Neubauwert der baulichen Anlage [€]	3.700.000	3.950.000	4.500.000	3.950.000																				
10		%					0,5	0,5	1,0	0,5	0,5	0,5	1,0	0,5	0,5	0,5	1,0	0,5	0,5	0,5	1,0	0,5	0,5	0,5	1,0	0,5
11	Mietausfallswagnis [% von Jahresrohertrag]						2,0	3,0	5,0	3,0	2,0	3,0	5,0	3,0	2,0	3,0	5,0	3,0	2,0	3,0	5,0	3,0	2,0	3,0	5,0	3,0
12	Verwaltungskosten [% von Jahresrohertrag]						3,0	5,0	8,0	5,0	3,0	5,0	8,0	5,0	3,0	5,0	8,0	5,0	3,0	5,0	8,0	5,0	3,0	5,0	8,0	5,0
13	n. umlagefähige Betriebskosten [€]							0		0		0		0		0		0		0		0		0		0
14	**jährlicher Cash-Flow [€]**									**165.133 €**				**165.133 €**				**165.133 €**				**165.133 €**				**165.133 €**
15							**Berechnung jährlicher Barwert**																			
16	Diskontierungszinsfuß [%]		2,1	2,6	3,2	2,6																				
17	Diskontierungsfaktor [-]									0.85727				0.83554				0.81437				0.79373				0.77362
18	**Barwert [€]**									**141.563 €**				**137.976 €**				**134.479 €**				**131.071 €**				**127.750 €**

Tabelle 8-21: Berechnung Phase 1 Jahr 2024-2028 – DCF-Verfahren mittels MC-Simulation – Teil 2

In Tabelle 8-20 und Tabelle 8-21 ist die Detailbetrachtungsphase der Berechnung abgebildet. In den Spalten B, F, J, N, R, V, Z, AD, AH, AL und AP ist der minimale Wert des Parameters, in den Spalten C, G, K, O, S, W, AA, AE, AI, AM und AQ der jeweilige erwartete Wert, in den Spalten D, H, L, P, T, X, AB, AF, AJ, AN und AR der maximale Wert dargestellt. In den Spalten E, I, M, Q, U, Y, AC, AG, AK, AO und AS sind die Verteilungen hinterlegt. Für alle Verteilungen, außer dem Neubauwert der baulichen Anlage wurden Dreiecksverteilungen verwendet. Der Neubauwert ist durch eine PERT-Verteilung beschrieben.

Die Ergebnisse in den Spalten E, I, M, Q, U, Y, AC, AG, AK, AO und AS sind die Berechnung mit den Verteilungen.[211] Durch die unsicheren Eingangsparameter, die als Verteilungsfunktion beschrieben werden, ergeben sich auch bei der Ausgabe Verteilungen.

Für die ersten 10 Jahre der Nutzung sind die Einnahmen und Ausgaben jährlich aufgestellt, um diese den entsprechenden Jahren zuordnen zu können. Die Jahre eins bis 10 werden dann jeweils mit dem Diskontierungszinsfuß auf den Bewertungsstichtag diskontiert. Die

[211] Bei der Definition der Eingangsparameter wurde die Funktion RiskStatic verwendet. Standardmäßig werden die angezeigten Ergebnisse der Berechnung mittels der Mittelwerte der definierten Funktionen ermittelt. Bei Verwendung von RiskStatic werden die angezeigten Ergebnisse mit den definierten statischen Werten berechnet. Dafür wurden hier die erwarteten Werte verwendet, um eine Vergleichbarkeit mit den deterministischen Berechnungen zu ermöglichen.

Einnahmen ändern sich in dieser Berechnung über den Zeitraum nicht.

Bei gleichbleibendem Mietzins ergeben sich die Einnahmen aus Abbildung 8-27. Es wird hier nur ein Histogramm aus dem Jahr 2028 exemplarisch für den Detailbetrachtungszeitraum gezeigt.

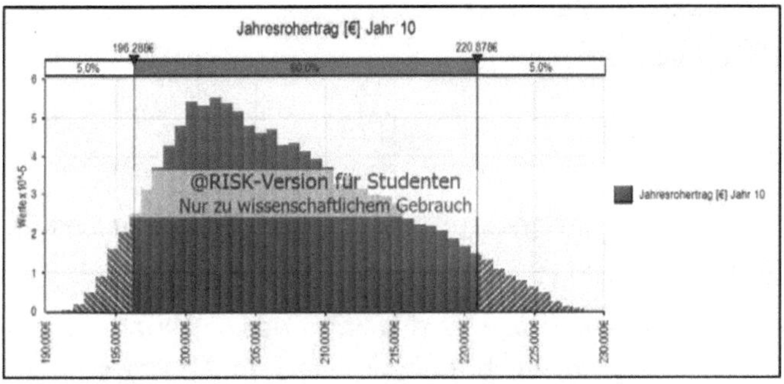

Abbildung 8-27: Jahresrohertrag Jahr 2028 – DCF-Verfahren mittels MC-Simulation

Der Jahresrohertrag liegt mit einer 90%igen Wahrscheinlichkeit zwischen etwa 196.000 € und etwa 221.000 €.

Da in naher Zukunft nicht erwartet wird, dass sich die Bewirtschaftungskosten ändern, werden dafür in jedem Jahr dieselben Eingangsparameter angesetzt. Natürlich ist es möglich, jährlich andere Einnahmen und Bewirtschaftungskosten anzusetzen, wenn dies der Fall sein sollte.

In diesem Fall bleiben die Bewirtschaftungskosten konstant und somit ändert sich auch der jährliche Cash-Flow nicht. In Abbildung 8-28 ist der Cash-Flow des Jahres 2028 exemplarisch für den Detailbetrachtungszeitraum dargestellt.

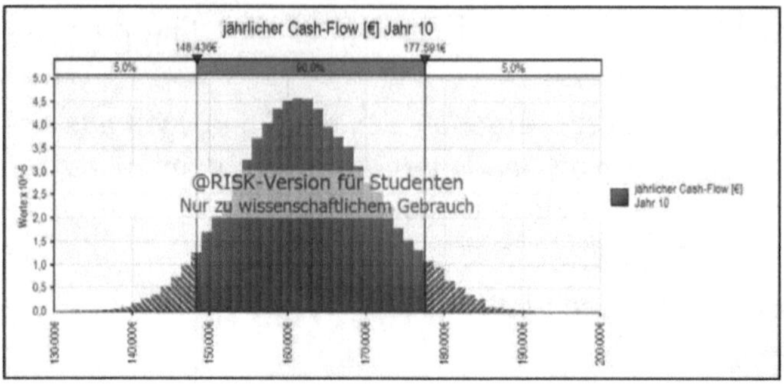

Abbildung 8-28: Cash-Flow Jahr 2028 – DCF-Verfahren mittels MC-Simulation

Der Cash-Flow liegt mit einer 90%igen Wahrscheinlichkeit zwischen etwa 148.000 € und 178.000 €.

Der jährlich anfallende Cash-Flow wird mittels des Diskontierungszinsfußes auf den Bewertungsstichtag diskontiert. In Abbildung 8-29 ist exemplarisch der Barwert des Jahres 2028, somit das letzte Jahr des Detailbetrachtungszeitraum, dargestellt.

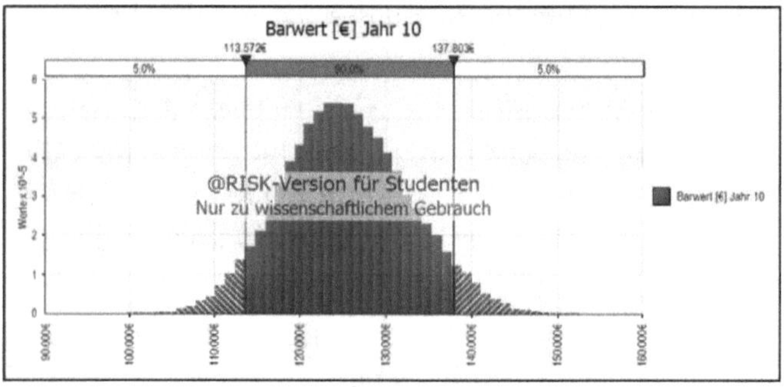

Abbildung 8-29: Barwert Jahr 2028 – DCF-Verfahren mittels MC-Simulation

Der Barwert des Jahres 2028 liegt mit einer 90%igen Wahrscheinlichkeit zwischen etwa 114.000 € und 138.000 €.

Lfd. Nr.	Berechnung Terminal Value				
0	A	B	C	D	E
1		MIN	ERW	MAX	Verteilung
2	Cash-Flow Jahr 10 [€]		165.133 €		165.133 €
3	Kapitalisierungszinsfuß [%]	3,0	3,5	4,0	3,5
4	**Terminal Value [€]**				**4.718.092 €**
5	**Berechnung Barwert Terminal Value**				
6	Diskontierungsfaktor [-]				0,77362
7	**Barwert Terminal Value [€]**				**3.650.000 €**
8	**Berechnung Marktwert**				
9	Summe Barwert Detailprognosezeitraum [€]				**1.437.817 €**
10	**Marktwert [€]**				**5.087.817 €**

Tabelle 8-22: Berechnung Phase 2 – DCF-Verfahren mittels MC-Simulation

In Tabelle 8-22 ist die Phase zwei des DCF-Verfahren zu sehen. In der Spalte B ist das Minimum, in der Spalte C der erwartete Wert, in Spalte D der maximale Wert und in Spalte E die Verteilung zu sehen. Zur Ermittlung des Terminal Values wird mittels des Cash-Flows, des letzten Jahres, des Detailbetrachtungszeitraums, in diesem Fall der Cash-Flow des 10-ten Jahres und dem vereinfachten Ertragswertverfahren der Restwert des Gebäudes bei einer theoretischen Veräußerung ermittelt.

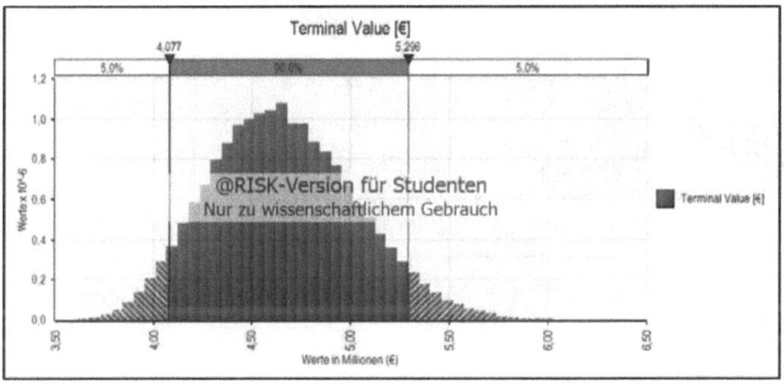

Abbildung 8-30: Terminal Value – DCF-Verfahren mittels MC-Simulation

Der Terminal Value ist in Abbildung 8-30 ersichtlich. Dieser liegt mit einer 90%igen Wahrscheinlichkeit zwischen etwa 4.080.000 € und 5.300.000 €.

Der Marktwert ergibt sich als Summe aus dem diskontierten Cash-Flow der ersten 10 Jahre und dem diskontierten Terminal Value.

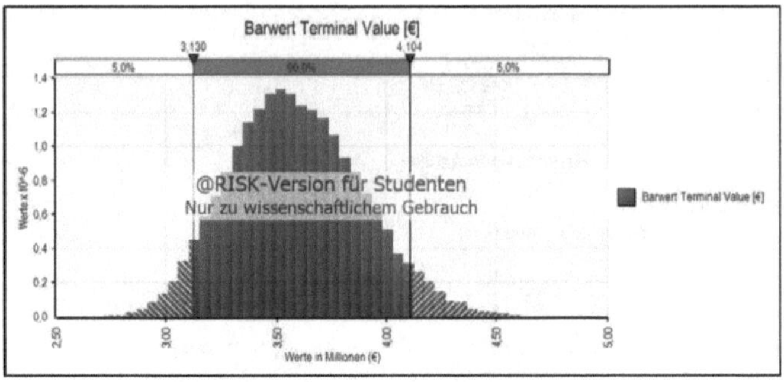

Abbildung 8-31: Barwert des Terminal Value – DCF-Verfahren mittels MC-Simulation

In Abbildung 8-31 ist der Barwert des Terminal Values dargestellt. Mit einer 90%igen Wahrscheinlichkeit liegt der Barwert zwischen etwa 3.130.000 € und etwa 4.100.000 €.

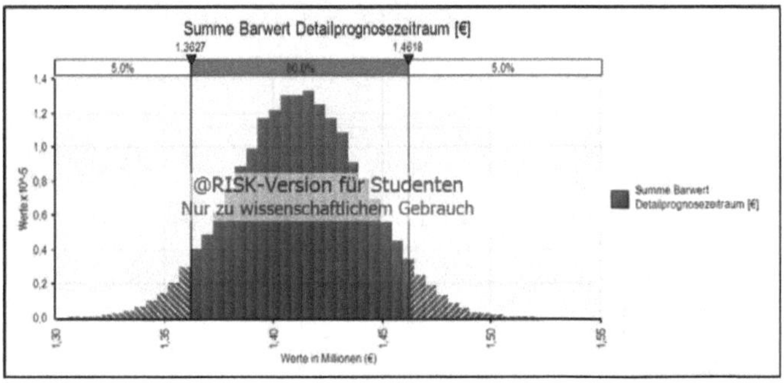

Abbildung 8-32: Summe der Barwerte des Detailprognosezeitraums – DCF-Verfahren mittels MC-Simulation

In Abbildung 8-32 sind die Barwerte der ersten 10 Jahre summiert. Die Summe liegt mit einer 90%igen Wahrscheinlichkeit zwischen etwa 1.360.000 € und etwa 1.460.000 €.

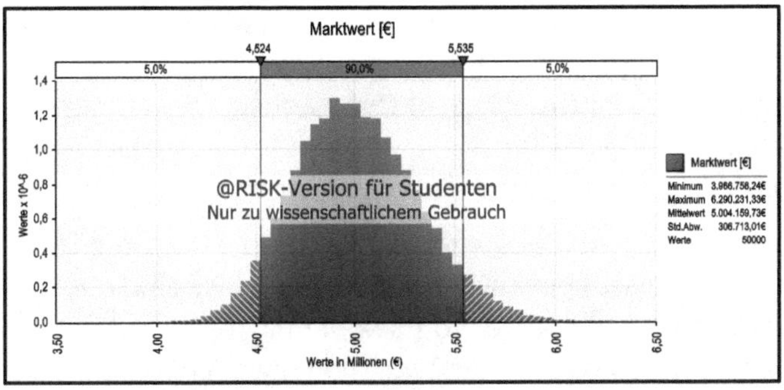

Abbildung 8-33: Marktwert – DCF-Verfahren mittels MC-Simulation

Der sich ergebende Marktwert des Objektes ist in Abbildung 8-33 ersichtlich. Dieser liegt mit einer 90%iger Wahrscheinlichkeit zwischen etwa 4.520.000 € und etwa 5.540.000 €. Der Mittelwert beträgt etwa 5.000.000 € und die Standardabweichung kann mit etwa 307.000 € angegeben werden.

Der Wert des Grundstücks ist bereits impliziert. Durch die Wahl des Kapitalisierungs- und Diskontierungszinssatzes ist die aktuelle Marktsituation bereits berücksichtigt. Dadurch müssen keine Anpassungen des Marktwertes mehr durchgeführt werden.

8.3.3.13 Sensitivitätsanalyse

Die Sensitivitätsanalyse des Marktwertes ist in Abbildung 8-34 mittels Spiderdiagramm dargestellt. Dieses bietet eine bessere Übersicht über die Änderung der Ausgabe als das Tornadodiagramm.

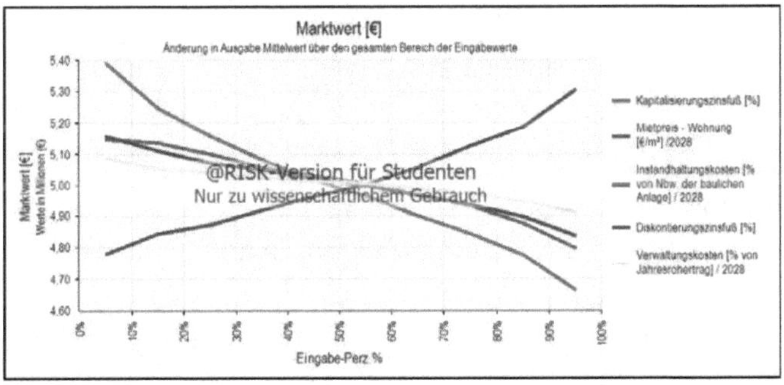

Abbildung 8-34: Sensitivitätsanalyse des Marktwertes

Gut zu erkennen ist das gegensätzliche Verhalten von den Eingangsparametern. Bei einigen sinkt der Marktwert, wenn der Eingangsparameter größer wird und bei anderen steigt der Marktwert, wenn der Eingangsparameter größer wird.

Als größter Einfluss auf den Marktwert, lässt sich auch bei dem DCF-Verfahren der Kapitalisierungszinsfuß identifizieren. Durch die Änderung des Kapitalisierungszinsfußes von seinen minimalen auf seinen maximalen Wert, ändert sich der Marktwert von etwa 5.400.000 € auf etwa 4.680.000 €. Dabei unterscheidet sich der minimale und maximale Wert nur um 1 % in der Berechnung.

Der zweite Faktor, der den Marktwert am meisten beeinflusst, ist die Höhe des Mietpreises. Dieser steht im direkten Zusammenhang mit der erwarteten Rendite des Objektes. Der Ertragswert ändert sich von etwa 4.790.000 € auf etwa 5.310.000 €, wenn sich die Miete von etwa 10 €/m² auf etwa 12 €/m² erhöht.

Als dritter Parameter, welcher den Marktwert am meisten beeinflusst, lassen sich die Instandhaltungskosten des 10ten Jahres identifizieren. Die Höhe der Instandhaltungskosten beeinflusst maßgeblich die Höhe des Cash-Flows, welcher zur Berechnung des Terminal Values in Phase 2 verwendet wird. Der Marktwert ändert sich von etwa 5.150.000 € auf etwa 4.800.000 €. Die Änderung ist im Vergleich zu den beiden Parametern zuvor kleiner, jedoch auch von großer Auswirkung.

Erkennen lässt sich, dass die Ein- und Auszahlungsströme in der Phase eins, im Vergleich zu der Phase zwei den Marktwert weniger beeinflussen. Der Terminal Value ist im Vergleich zu der Summe aus dem Detailprognosezeitraum um den Faktor 3 größer.

Somit beeinflussen Ein- und Auszahlungen die weiter in der Zukunft liegen, das Ergebnis mehr. Andererseits wird die Prognose der Zukunft unsicherer, je weiter sie von dem heutigen Zeitpunkt entfernt ist.

Der am schwierigsten zu definierende Eingangsparameter, der Kapitalisierungszinsfuß, stellt sich als größter Einflussfaktor für den Marktwert der Liegenschaft heraus.

Leichter steuerbar ist der Mietpreis, da er sich von dem Vermieter festlegen lässt und somit als ein definierter Wert in die Berechnung einfließt.

8.3.4Ergebnisse der probabilistischen Wertermittlung

Der Verkehrswert der zu bewertenden Liegenschaft ist mittels drei gebräuchlichen Verfahren ermittelt worden. Die Berechnungen wurden hier mittels MC-Simulationen durchgeführt.

Die Unsicherheiten der Eingangsparameter sind dabei berücksichtigt worden und ergeben eine Chancen- und Risikoverteilung des Verkehrswertes. Die Größe der Eingangsparameter basieren auf der Einschätzung des Autors. Die hier angenommen Größen für die Bandbreite der Parameter wurden mit größtmöglicher Sorgfalt auf die zu bewertende Liegenschaft abgestimmt.

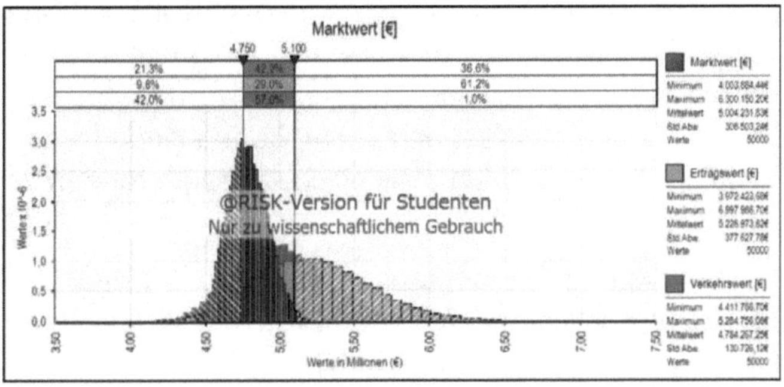

Abbildung 8-35: Ergebnisvergleich der probabilistischen Berechnungen

In Abbildung 8-35 sind die Ergebnisse der drei angewendeten Berechnungsverfahren mittels MC-Simulation dargestellt. Die Bezeichnungen der Wahrscheinlichkeitsverteilungen Markt-, Verkehrs- und Ertragswert sind äquivalent anzusehen. Der Marktwert ist das Ergebnis des DCF-Verfahrens, der Verkehrswert ist das Ergebnis des Sachwertverfahrens und der Ertragswert ist das Ergebnis des Ertragswertverfahrens.

Der Mittelwert des Verkehrswertes ist etwa 4.780.000 € und die Standardabweichung ist etwa 131.000 €. Das Minimum wurde mit etwa 4.410.000 € und das Maximum mit etwa 5.280.000 € errechnet.

Der Mittelwert des Marktwertes ist etwa 5.000.000 € und die Standardabweichung ist etwa 307.000 €. Das Minimum wurde mit etwa 4.000.000 € und das Maximum mit etwa 6.300.000 € errechnet.

Der Mittelwert des Ertragswertes ist etwa 5.230.000 € und die Standardabweichung ist etwa 378.000 €. Das Minimum wurde mit etwa 3.970.000 € und das Maximum mit etwa 7.000.000 € errechnet.

Der Verkehrswert hat die geringste Streuung der drei Ergebnisse. Das lässt sich darauf zurückführen, dass die Eingangsparameter der Berechnung leichter bestimmbar und die Bandbreiten in denen sie liegen geringer sind. Der bauliche Wert des Objektes lässt sich mit einer größeren Sicherheit bestimmen.

Der Marktwert und der Ertragswert sind stark beeinflusst durch die Einschätzung der Marktentwicklung. Es muss ein geeigneter Kapitalisierungszinsfuß gefunden werden, der der Kapitalisierung des Objektes über die restliche Lebensdauer entspricht. Bereits geringfügige Abweichungen von ± 0,5 % ergeben beträchtliche Veränderungen im Wert des Objektes.

Anhand der Berechnungsergebnisse kann gesagt werden, dass der Wert des Objektes mit einer Wahrscheinlichkeit von 57,0 % nach dem Sachwertverfahren, 29,0 % nach dem Ertragswertverfahren und 42,2 % nach dem DCF-Verfahren zwischen 4.750.000 € und 5.100.000 € liegt.

Die Wahrscheinlichkeit, dass der Wert des Objektes weniger als 4.750.000 € ist, ist nach dem Sachwertverfahren 42,0 %, nach dem Ertragswertverfahren 9,8 % und nach dem DCF-Verfahren 21,3 %.

Die Wahrscheinlichkeit, dass der Wert des Objektes höher als 5.100.000 € ist, ist nach dem Sachwertverfahren 1,0 %, nach dem Ertragswertverfahren 61,2 % und nach dem DCF-Verfahren 36,6 %.

8.4 Ergebnisvergleich der deterministischen und probabilistischen Wertermittlung

In diesem Abschnitt werden die Ergebnisse aus den vorangegangenen Berechnungen gegenübergestellt. Für die angewendeten Verfahren zur Wertermittlung wurde jeweils eine Berechnung mittels deterministischen und probabilistischen Ansatz durchgeführt.

Bei der deterministischen Berechnung sind für die Eingangsparameter die erwarteten Werte, auch genannt Expertenwerte, gewählt und damit der Wert des Objektes berechnet worden.

Bei der probabilistischen Berechnung sind die Unsicherheiten der Eingangsparameter mittels Verteilungsfunktionen berücksichtigt worden. Das Ergebnis ist ein Histogramm, bei der eine Aussage über die Über- bzw. Unterschreitungswahrscheinlichkeit eines bestimmten Wertes erfolgen kann.

Nachfolgend ist der Vergleich der deterministischen und probabilistischen Ergebnisse angestellt worden. In den Verteilungen ist die Wahrscheinlichkeit, mit der das deterministische Ergebnis über- bzw. unterschritten wird, ersichtlich.

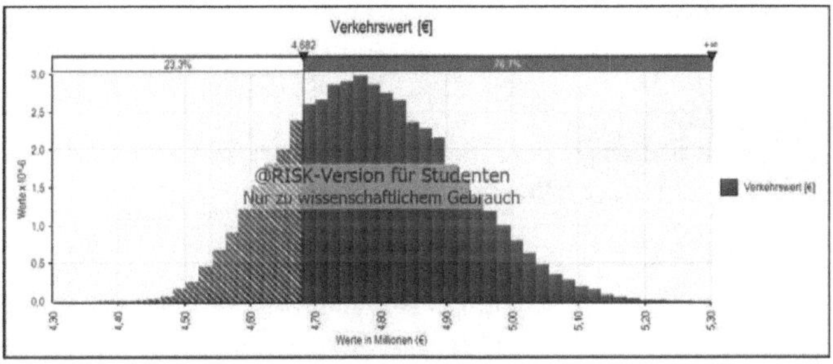

Abbildung 8-36: Ergebnisvergleich – deterministisches und probabilistisches Sachwertverfahren

In Abbildung 8-36 ist das Ergebnis des Sachwertverfahrens mittels deterministischen und probabilistischen Ansatz zu sehen. Der Gleitbegrenzer stellt den Wert aus der deterministischen Berechnung von etwa 4.680.000 € dar. Dieser wird mit einer Wahrscheinlichkeit von 23,3 % unterschritten und mit einer Wahrscheinlichkeit von 76,7 % überschritten.

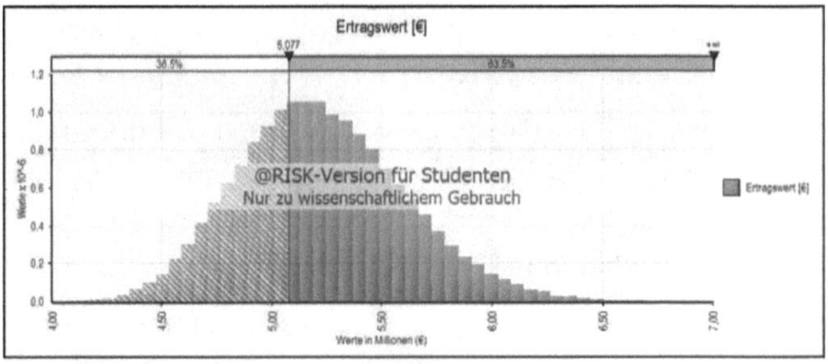

Abbildung 8-37: Ergebnisvergleich – deterministisches und probabilistisches Ertragswertverfahren

In Abbildung 8-37 ist das Ergebnis des Ertragswertverfahrens mittels deterministischen und probabilistischen Ansatz zu sehen. Der Wert aus der deterministischen Berechnung ist mittels Gleitbegrenzer dargestellt und beträgt etwa 5.080.000 €. Dieser wird mit einer Wahrscheinlichkeit von 36,5 % unterschritten und mit einer Wahrscheinlichkeit von 63,5 % überschritten.

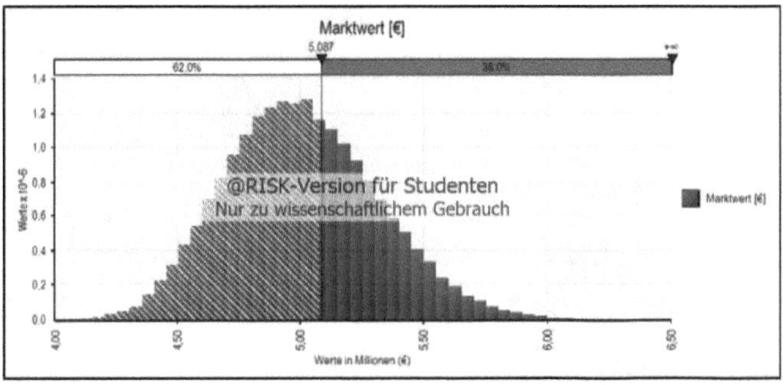

Abbildung 8-38: Ergebnisvergleich – deterministisches und probabilistisches DCF-Verfahren

In Abbildung 8-38 ist das Ergebnis des DCF-Verfahrens mittels deterministischen und probabilistischen Ansatz zu sehen. Der Wert aus der deterministischen Berechnung von etwa 5.090.000 € ist mittels Gleitbegrenzer dargestellt und wird mit einer Wahrscheinlichkeit von 62,0 % unterschritten und mit einer Wahrscheinlichkeit von 38,0 % überschritten.

9 Resümee

Die vorliegende Masterarbeit setzt sich mit den Verfahren zur Immobilienbewertung und wie die Unsicherheiten dabei mittels Monte-Carlo-Simulation berücksichtigt werden können, auseinander.

Die Kapitel drei und vier beschäftigen sich mit der normativen und rechtlichen Situation, auf denen die angewendeten Bewertungsverfahren basieren. In dem Liegenschaftsbewertungsgesetz ist explizit das Vergleichs-, Sachwert- und Ertragswertverfahren genannt, um den Wert von Immobilien zu ermitteln. Jedoch können auch andere Verfahren, die dem Stand der Technik entsprechen, verwendet werden.

In der ÖNORM sind noch weitere zwei Verfahren zur Wertermittlung empfohlen. Das DCF-Verfahren und das Residualwertverfahren, welche beide der internationalen Immobilienbewertung entspringen.

Im fünften Kapitel werden die Wertermittlungsverfahren, welche in der ÖNORM empfohlen sind, beschrieben und in ihrem Ablauf erklärt. Dabei werden auf Basis von Ablaufdiagrammen die notwendigen Schritte und Einflussgrößen erklärt, um den Wert einer Immobilie zu ermitteln. Eine Ausnahme dabei ist das Residualwertverfahren. Dieses findet Anwendung bei bereits bestehenden Gebäuden, die neu verwertet werden sollen. Das Ergebnis des Verfahrens ist der maximale Preis des Grundstücks oder der Projektgewinn, bei bereits vorhandenem Grundstück.

Im sechsten Kapitel wird auf Due Diligence eingegangen. Der aus der Unternehmensbewertung kommende Begriff heißt „mit gebotener Sorgfalt“. Die Immobilie ist mit Sorgfalt zu untersuchen und zu prüfen. Die Immobilienbewertung bzw. Wertermittlung kann als ein Teil der Due Diligence gesehen werden. Grundsätzlich lässt sich die Due Diligence in die steuerliche, technische, rechtliche und wirtschaftliche Due Diligence unterteilen. Ziel der Due Diligence ist es, die vorhandenen Chancen und Risiken aufzudecken und diese zu bewerten.

Im Fokus des siebten Kapitels steht die Monte-Carlo-Simulation. Dabei wird als erstes auf die statistischen und mathematischen Grundlagen eingegangen. Hier wird gezeigt, welche Arten von Verteilungen es gibt. Für Expertenwerte bietet sich eine Dreiecksverteilung an. Untersuchungen haben ergeben, dass Kosten gut durch PERT-Verteilungen abgebildet werden.[212] Weiter werden grundlegende wichtige Begriffe aus der Statistik, die zum Verstehen der späteren Monte-Carlo-Simulation notwendig sind, mittels Abbildungen erklärt.

Bei der Monte-Carlo-Simulation gibt es zwei Probenerhebungsverfahren welche erklärt wurden. In den Berechnungsbeispielen wird das Latin Hypercube, dem Monte-Carlo Probenerhebungsverfahren vorgezogen. Das Latin Hypercube Probenerhebungsverfahren ergibt bereits bei weniger Iterationen schneller brauchbare Ergebnisse. Dabei wird die Verteilungsfunktion in mehrere Teile geteilt, in denen jeweils Zufallszahlen generiert werden. Dadurch ist bereits bei gleicher Anzahl an Iterationen eine bessere Annäherung an die Verteilungsfunktion erkennbar, als bei dem Monte-Carlo Probenerhebungsverfahren.

Weiter wird auf die Sensitivitätsanalysen eingegangen, welche durch die Simulation automatisch miterstellt werden. Dadurch können die Parameter, welche den größten Einfluss auf das Ergebnis haben, identifiziert werden.

Im achten Kapitel wird die Wertermittlung einer Wohnanlage durchgeführt. Im ersten Schritt wird die verwendeten Bewertungsverfahren auf das Sachwert-, Ertragswert- und DCF-Verfahren begrenzt. Die Anwendung einer Simulation für das Vergleichswertverfahren stellt sich als nicht zielführend heraus. Das Residualwertverfahren wird ebenfalls nicht angewendet, da es nicht das Ziel hat den Objektwert zu ermitteln. Mit den drei Verfahren werden jeweils eine übliche deterministische Berechnung und eine probabilistische Berechnung mittels MC-Simulation durchgeführt.

[212] Vgl. KUMMER, M. K.: Einsatz der Monte-Carlo Simulation zur Berechnung von Baukosten und Bauzeit. Masterarbeit. S. 49

Bei der deterministischen Wertermittlung wird für die einzelnen Eingangsparameter die am wahrscheinlichsten zutreffenden Werte gewählt und der Wert des Objektes damit ermittelt. Dabei werden die Unsicherheiten, die in den Annahmen vorhanden sind, nicht weiter berücksichtigt. Bei großer Erfahrung des Bewerters verringern sich die Unsicherheiten, da dieser die einzelnen Parameter besser einschätzen kann, jedoch bleiben es weiter Annahmen. Dabei werden die Ergebnisse in Abbildung 9-1 ermittelt.

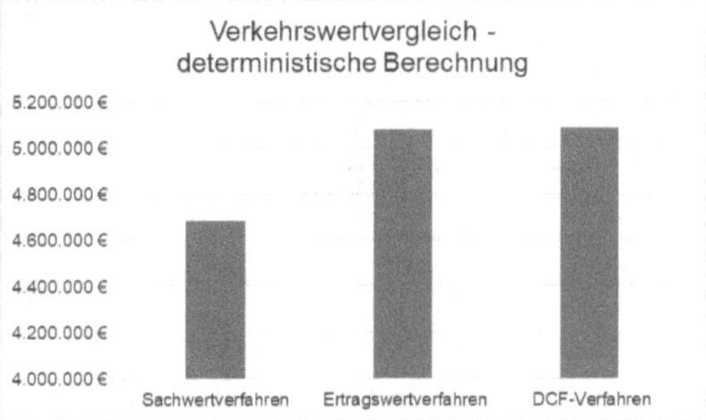

Abbildung 9-1: Ergebnisse – deterministische Berechnung

Der Verkehrswert mittels Sachwertverfahren liegt um etwa 300.000 € unter dem Wert mittels Ertragswert- und DCF-Verfahren. Der Fokus des Sachwertverfahrens liegt auf der Bewertung der Bausubstanz und die beiden anderen Verfahren ermitteln den Wert über die Kapitalisierung der Erträge. Anhand dieser Ergebnisse liegt der Wert der Liegenschaft etwa bei 5.000.000 €.

Bei der probabilistischen Wertermittlung werden die vorhandenen Unsicherheiten in das Berechnungsmodell integriert und durch Verteilungen berücksichtigt. Die Form und die Bandbreite der Verteilungen basieren auch auf Annahmen. Dadurch werden die Ergebnisse nicht präziser, sondern stellen einen Versuch dar, die Unsicherheiten zu berücksichtigen und in dem Ergebnis wiederzugeben. Das Ergebnis ist ein Histogramm in der erkennbar ist, mit welcher Wahrscheinlichkeit ein gewisser Wert über- bzw. unterschritten wird.

Für die Verteilungen der Inputparameter werden entweder Dreiecks- oder PERT-Verteilungen verwendet. Die PERT-Verteilungen kommen zur Anwendung, wenn es sich um Kosten handelt. Die Korrelationen zwischen den Inputparametern werden in den Berechnungen nicht berücksichtigt. Die Ergebnisse der Berechnungen sind in Abbildung 9-2 dargestellt.

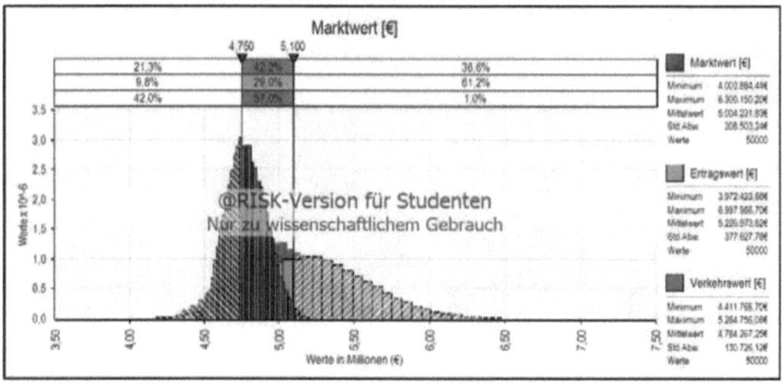

Abbildung 9-2: Ergebnisse – probabilistische Berechnung

Bei den Ergebnissen handelt es sich hier um Histogramme. Dabei kann gezeigt werden, mit welcher Wahrscheinlichkeit ein Wert unter- bzw. überschritten wird. Die Bezeichnungen Markt-, Ertrags- und Verkehrswert sind äquivalent zueinander. Der Marktwert ist das Ergebnis des DCF-Verfahrens, der Ertragswert des Ertragswertverfahrens und der Verkehrswert des Sachwertverfahrens. Anhand des Histogramms kann gesagt werden, dass der Wert des Objektes mit einer Wahrscheinlichkeit von 42,2 % nach dem DCF-Verfahren, 29,0 % nach dem Ertragswertverfahren und 57,0 % nach dem Sachwertverfahren einen Wert zwischen 4.750.000 € und 5.100.000 € hat.

Somit liefert die Monte-Carlo-Simulation kein genaueres Ergebnis als die herkömmliche Berechnung mittels Expertenwerten. Der Unterschied besteht darin, dass die Unsicherheiten der Eingangsparameter systematisch in das Berechnungsmodell integriert und berücksichtigt werden. Erst dadurch kann gesagt werden, mit welcher Wahrscheinlichkeit ein bestimmter Wert auftritt.

Die Ergebnisse dürfen nicht ohne Blick auf die verwendeten Eingangsparameter akzeptiert werden. Die Bandbreiten und Verteilungs funktionen müssen auf ihre Plausibilität hin überprüft werden. Die Berechnung liefert immer ein Ergebnis und es obliegt dem Experten dieses einzuschätzen.

Am Ende kann für ein Objekt keine Bandbreite als Wert angegeben werden und es liegt am Fachwissen des Experten einen Wert festzulegen. Die Simulation kann dabei ein hilfreiches Werkzeug sein, den Prozess zu erleichtern.

10 Ausblick

Die Vorteile der Monte-Carlo-Simulation in der Immobilienbewertung wurden gezeigt. Jedoch ist es fraglich, wie sinnvoll es ist diese anzuwenden, wenn die tatsächlichen Verteilungsfunktionen der Eingangsparameter nicht bekannt sind. Dahingehend wäre es sinnvoll weitere Überlegungen anzustellen.

Außerdem hat es sich herausgestellt, dass in der Literatur nur wenige Ansätze für die Eingangsparameter vorhanden sind und großen Bandbreiten unterliegen. In manchen Fällen unterscheiden sich diese voneinander, was es erschwert, einen geeigneten Wert zu finden. Bei zukünftigen Untersuchungen könnten diese genauer definiert werden.

Die Beurteilung und Bewertung von Unsicherheiten mittels Monte-Carlo-Simulation oder anderen Verfahren sollte in Zukunft vermehrt Aufmerksamkeit geschenkt werden. Auch wenn bei der Wertermittlung am Ende ein Wert steht, ist es eine Erleichterung für Verkäufer, Käufer und Investoren die Wahrscheinlichkeitsverteilung zu kennen, um bessere Entscheidungen treffen zu können.

In der Due Diligence, welche zum Ziel hat, die Chancen und Risiken zu ermittelten, wäre es sinnvoll die Monte-Carlo-Simulation anzuwenden.

Literaturverzeichnis

https://www.ris.bka.gv.at/GeltendeFassung.wxe?Abfrage=Bundesnormen&Gesetzesnummer=10003036. Datum des Zugriffs: 20.Oktober.2018.

https://de.statista.com/statistik/lexikon/definition/85/median/. Datum des Zugriffs: 05.November.2018.

https://de.statista.com/statistik/lexikon/definition/80/lageparameter/. Datum des Zugriffs: 5.November.2018.

https://de.statista.com/statistik/lexikon/definition/126/standardabweichung/. Datum des Zugriffs: 2018.November.2018.

https://de.statista.com/statistik/lexikon/definition/106/quantil/. Datum des Zugriffs: 2018.November.6.

http://www.palisade.com/decisiontools_suite/de/. Datum des Zugriffs: 10.November.2018.

https://www.remax.at/immobilien/marktberichte/REMAX-ImmoSpiegel-2017-Immobilienmarkt-weiter-stabil-auf-Rekord-Niveau--12719.html. Datum des Zugriffs: 11.November.2018.

https://www.google.at/maps/dir/47.0660891,15.4700014/Radsport+Weninger,+Pl%C3%BCddemanngasse+52a,+8010+Graz/@47.0660151,15.4656214,17.79z/data=!4m9!4m8!1m0!1m5!1m1!1s0x476e4a8bc50ed1a9:0x64114fcf262d3d49!2m2!1d15.4643074!2d47.0648417!3e2. Datum des Zugriffs: 19.November.2018.

https://gis.stmk.gv.at/atlas/(S(qqzdqi2fvuctv3ti3zgdgsq3))/init.aspx?ks=das&cms=da&karte=kat. Datum des Zugriffs: 25.November.2018.

https://www.statistik.at/web_de/statistiken/wirtschaft/produktion_und_bauwesen/konjunkturdaten/baupreisindex/020628.html. Datum des Zugriffs: 2018.November.26.

https://www.immobilienscout24.at/ratgeber/immobilienbewertung/mietpreise/graz.html. Datum des Zugriffs: 01.Dezember.2018.

https://baumgartner-im.ch/diskontierungszinssatz-herleiten/. Datum des Zugriffs: 06.Dezember.2018.

https://www.oenb.at/Statistik/Standardisierte-Tabellen/zinssaetze-und-wechselkurse/renditen-oesterreichischer-bundesanleihen.html. Datum des Zugriffs: 6.März.2019.

https://www.google.at/maps/place/Schauensteingasse+4,+8010+Graz/@47.0660091,15.4683779,17z/data=!3m1!4b1!4m5!3m4!1s0x476e4a8ab0aa6b21:0xe0c1d49580e0b5d0!8m2!3d47.066006!4d15.469925. Datum des Zugriffs: 9.März.2019.

ARNDT, J.-K.: Due Diligence Real Estate. Saarbrücken. VDM Verluag, 2006.

Bauträger Mag. Hofstätter & Kletzenbauer GmbH (27. November 2018). Informationen zum bewerteten Objekt. Graz.

BIENERT, S.: Bewertungsgegenstand. In: Immobilienbewertung Österreich. Hrsg.: BIENERT, S.; FUNK, M.: Wien. Edition ÖVI Immobilienakademie - ÖVI Immobilienakademie Betriebs-GmbH, 2007.

—: Ertragswertverfahren. In: Immobilienbewertung Österreich. Hrsg.: BIENERT, S.; FUNK, M.: Wien. Edition ÖVI Immobilienakademie - ÖVI Immobilienakademie Betriebs-GmbH, 2007.

FUNK, M.; KOESSLER, C.; STOCKER, G.: Sachwertverfahren. In: Immobilienbewertung Österreich. Hrsg.: BIENERT, S.; FUNK, M.: Wien. Edition ÖVI Immobilienakademie - ÖVI Immobilienakademie Betriebs-GmbH, 2007.

BIENERT, S.; REINBERG, M.: Verwendete Bewertungsverfahren. In: Immobilienbewertung Österreich. Hrsg.: BIENERT, S.; FUNK, M.: Wien. Edition ÖVI Immobilienakademie - ÖVI Immobilienakademie Betriebs-GmbH, 2007.

BIENERT, S.; STEIXNER, D.: Residualwertverfahren. In: Immobilienbewertung Österreich. Hrsg.: BIENERT, S.; FUNK, M.: Wien. Edition ÖVI Immobilienakademie - ÖVI Immobilienakademie Betriebs-GmbH, 2007.

FISCHER, P.: Erstbeurteilung von Investitionsmöglichkeiten. In: Handbuch Immobilientransaktionen. Hrsg.: TEUFELSDORFER, H.: 2.Auflage, Wien. Linde Verlag, 2015.

FRANZ JOSEF, S.; KAINZ, F.: Der Wert der Immobilien. Graz. Seiser + Seiser IMMOBILIEN CONSULTING GMBH, 2011.

FUHRMANN, K.; KERBL, G.: Die steuerliche Due Diligence. In: Immobilientransaktionen. Hrsg.: TEUFELSDORFER, H.: 2.Auflage, Wien. Linde Verlag, 2015.

FUNK, M. et al.: Vergleichswertverfahren. In: Immobilienbewertung Österreich. Hrsg.: BIENERT, S.; FUNK, M.: Wien. Edition ÖVI

Immobilienakademie - ÖVI Immobilienakademie Betriebs-GmbH, 2007.

HAUPTVERBAND DER ALLGEMEIN BEEIDETEN UND GERICHTLICH ZERTIFIZIERTEN SACHVERSTÄNDIGEN ÖSTERREICHS: Empfehlung der Kapitalisierungszinssätze für Liegenschaftsbewertungen 2018. In: Sachverständige, 2/2018.

HELBL, A. H.: Die technische und umwelttechnische Due Diligence. In: Handbuch Immobilientransaktion. Hrsg.: TEUFELSDORFER, H.: 2.Auflage, Wien. Linde Verlag, 2015.

HOFSTADLER, C.: Produktivität im Baubetrieb. Berlin-Heidelberg. Springer Vieweg, 2014.

HOFSTADLER, C.; KUMMER, M.: Chancen- und Risikomanagement in der Bauwirtschaft. Berlin. Springer Verlag GmbH, 2017.

KRANEWITTER, H.: Liegenschaftsbewertung, 6.Auflage. Wien. Manz'sche Verlags- und Universitätsbuchhandlung GmbH, 2010.

KUMMER, M. K.: Einsatz der Monte-Carlo Simulation zur Berechnung von Baukosten und Bauzeit. Masterarbeit. Graz. 2012.

ÖSTERREICHISCHES NORMUNGSINSTITUT: ÖNORM B 1802-3:2014 08 01 - Liegenschaftsbewertung Teil 3: Residualwertverfahren. ÖNORM. Wien. Austrian Standards plus GmbH, 2014.

ÖSTERREICHISCHES NORMUNGSINSTITUT: ÖNORM B1802-2: 2008 12 01: Liegenschaftsbewertung - Teil 2: Discounted-Cash-Flow-Verfahren (DCF-Verfahren). ÖNORM. Wien. Austrian Standards plus GmbH, 2008.

ÖSTERREICHISCHES NORMUNGSINSTITUT: ÖNORM B 1802:1997 12 01: Liegenschaftsbewertung - Grundlagen. ÖNORM. Wien. Austrian Standards plus GmbH, 1997.

RAABER, N.: Beitrag zur Ausschreibung und Vergabe von Bauleistungen. In: Schriftenreihe des Instituts für Baubetrieb und Bauwirtschaft der Technischen Universität Graz - Band 15. Hrsg.: GERT, S.: Graz. Verlag der Technischen Universität Graz, 2003.

REICH, S.: Technical Due Diligence. In: Real Estate Due Diligence. Hrsg.: JUST, T.; STAPENHORST, H.: Stuttgart. Springer International Publishing AG, 2018.

SOMMER, G.; KRÖLL, R.: Lehrbuch zur Immobilienbewertung, 4.Auflage. Köln. Wolters Kluwer Deutschland GmbH, 2013.

STOEHR, E.; MATHEY, E.: Due Diligence Real Estate. Whitepaper. Dachau. Flowinvest GmbH.

SVEN, B.: Bewertungsanlässe - Überblick. In: Immobilienbewertung Österreich. Hrsg.: BIENERT, S.; FUNK, M.: Wien. Edition ÖVI Immobilienakademie - ÖVI Immobilienakademie Betriebs-GmbH, 2007.

WEIGAND, C.: Statistik mit und ohne Zufall, 2.Auflage. Aachen. Springer Verlag Berlin Heidelberg, 2009.

WIESINGER, S.: Ermittlung des Verkehrswerts von kontaminierten Liegenschaften. Diplomarbeit. Wien. FH Wien, 2014.

More Books!

yes

I want morebooks!

Buy your books fast and straightforward online - at one of world's fastest growing online book stores! Environmentally sound due to Print-on-Demand technologies.

Buy your books online at

www.morebooks.shop

Kaufen Sie Ihre Bücher schnell und unkompliziert online – auf einer der am schnellsten wachsenden Buchhandelsplattformen weltweit! Dank Print-On-Demand umwelt- und ressourcenschonend produzi ert.

Bücher schneller online kaufen

www.morebooks.shop

KS OmniScriptum Publishing
Brivibas gatve 197
LV-1039 Riga, Latvia
Telefax: +371 686 204 55

info@omniscriptum.com
www.omniscriptum.com

OMNIScriptum

FSC
www.fsc.org
MIX
Papier | Fördert gute Waldnutzung
FSC® C083411

Kolibri 360 GmbH
Ferdinand-Jühlke-Straße 7
99095 Erfurt, Deutschland
produktsicherheit@kolibri360.de

Druck:
CPI Druckdienstleistungen GmbH
im Auftrag der
Kolibri 360 GmbH
Ferdinand-Jühlke-Str. 7
99095 Erfurt